COMO APRENDEMOS?

TEORIA E PRÁTICA NA EDUCAÇÃO ESPÍRITA

EDITORA EME

Edição e distribuição

EDITORA EME

Caixa Postal 1820 - CEP 13360-000 - Capivari - SP

Telefones: (19) 3491-7000/3491-5449

vendas@editoraeme.com.br - www.editoraeme.com.br

Lucia Moysés

COMO APRENDEMOS?

TEORIA E PRÁTICA NA EDUCAÇÃO ESPÍRITA

Para educadores e dinamizadores de estudos espíritas

Capivari-SP
– 2011 –

A Editora EME mantém o Centro Espírita "Mensagem de Esperança", colabora na manutenção da Comunidade Psicossomática Nova Consciência (clínica masculina para tratamento da dependência química), e patrocina, junto com outras empresas, a Central de Educação e Atendimento da Criança (Casa da Criança), em Capivari-SP.

2ª edição – agosto/2011 – Do 2.001 ao 2.500 exemplares

CAPA | André Stenico
REVISÃO | Izabél Braghero
DIAGRAMAÇÃO | Editora EME

Ficha catalográfica elaborada na editora

Moysés, Lucia, 1945-
Como aprendemos? Teoria e prática na educação espírita / Lucia Moysés. - 2ª ed. ago. 2011 - Capivari, SP : Editora EME.
160 p.

1ª edição : jul. 2009
ISBN 978-85-7353-419-1

1. Literatura espírita. Educação espírita.
2. Espiritismo para educadores.

CDD 133.9

Agradecimento

A você, evangelizador que cruzou o meu caminho nas oficinas, nos seminários, nos encontros e me contagiou com o seu entusiasmo pela tarefa abraçada;
a você que me honra colocando em prática as sugestões que venho apresentando em livros e artigos;
a você que desperta o meu alerta oferecendo críticas e sugestões sobre o fazer pedagógico na educação espírita;
a você, que ao manter acesa a chama do compromisso com Jesus, ilumina o meu caminho,
o meu agradecimento mais sincero.

Lucia Moysés

Educa e transformarás a irracionalidade em inteligência, a inteligência em humanidade e a humanidade em angelitude.

Emmanuel

SUMÁRIO

PREFÁCIO

A tarefa da evangelização espírita infantojuvenil recebe apoio especial de encarnados e desencarnados em um grande projeto de atendimento aos espíritos que recomeçam a jornada terrestre e, os responsáveis pela condução do movimento espírita trabalham no sentido de proporcionar aos tarefeiros engajados neste programa, subsídios, recursos para sustentar este programa de iluminação das almas.

Em outubro de 1977, benfeitores espirituais, escrevendo através de Divaldo Franco, esclarecem quanto à necessidade de os evangelizadores e aqueles que atuam em coordenação de grupos de estudo, buscarem o aprimoramento em Psicologia, Didática, Metodologia, Literatura e outros conhecimentos.

Este livro vem atender a este propósito! É fruto de uma série de oficinas desenvolvidas com evangelizadores em nosso Estado, nas quais temos oportunidade de dizer que: "Boa vontade só, não basta!" Ele vai tratar do processo da aprendizagem, respondendo às questões: o que é aprender? Como ensinar? Que processo ocorre no cérebro para que o evangelizando aprenda? Que caminhos adotar para que o conteúdo espírita seja assimilado? De que informações o tarefeiro precisa se apropriar?

Estes conteúdos são vivenciados nas oficinas que têm como coordenadora Lucia Maria Moraes Moysés, a querida Mestra que, com competência e sensibilidade, as desenvolve. Lucia, tão logo se aposentou do cargo que ocupava na Universidade Federal Fluminense passou a se dedicar a esse mister com responsabilidade e alegria, pois sabe da utilidade e importância destes ensinamentos para a prática da ação evangelizadora.

"Era isto mesmo que eu precisava aprender!"; "Agora já sei como a criança aprende!" "Descobri porque não entenderam o conteúdo dado!"... Estes são alguns dos depoimentos que anotamos nas avaliações!

Lucia Moysés tem doutorado na área da Psicologia Educacional, é Mestre em Educação e, atua na equipe da Área de Educação Espírita do CEERJ - Conselho Espírita do Estado do Rio de Janeiro, não medindo esforços para atender à formação de evangelizadores desde Itaperuna até Volta Redonda e mais...

Acompanhando com atenção o conteúdo aqui proposto você, leitor/leitora estará vivenciando a "oficina da construção do conhecimento", que dará subsídios teóricos para qualificar sua atuação no processo ensinar-aprender-ensinar-aprender...

Conto com você na divulgação desta proposta.

Darcy Neves Moreira
Diretora da Área de Educação Espírita/CEERJ

APRESENTAÇÃO

Vivendo e aprendendo, diz o adágio popular. De fato, já nascemos aprendendo. No entanto, bem pouco sabemos dos processos mentais envolvidos no ato de aprender.

Este livro nasceu do desejo de colaborar com educadores espíritas que trabalham diretamente com o ensino e a aprendizagem, uma vez que trata especificamente desse processo. Aplica-se aos que atuam junto a crianças, jovens e adultos, oferecendo-lhes um suporte teórico para a ação pedagógica que desenvolvem nas casas ou escolas espíritas.

E porque penso conhecer os anseios desses companheiros, procurei aliar teoria à prática, trazendo exemplos do cotidiano desses tarefeiros em uma linguagem simples e acessível.

Na verdade, grande parte do material aqui exposto se constitui nos conteúdos das oficinas de construção do conhecimento que viemos desenvolvendo nos últimos anos junto à Área de Educação Espírita do Conselho Espírita do Estado do Rio de Janeiro, a antiga USEERJ.

Sabemos da seriedade com que os Conselhos Estaduais Espíritas, juntamente com as Casas Espíritas, imprimem suas ações na área de capacitação de tarefeiros. Somos testemunhas do interesse por eles demonstrado na aquisição de maiores conhecimentos pedagógicos, interesse esse que nos motivou a sistematizar os conhecimentos trabalhados nos nossos encontros e aqui apresentá-los.

Esperamos que seja um instrumento útil para todo aquele que se interessa em compreender melhor como o ser humano aprende.

Queremos externar nosso agradecimento a todos os educadores que, com sua participação ativa nas nossas oficinas de psicologia educacional aplicada ao ensino espírita nos permitiram validar a aplicação de conteúdos da psicologia educacional ao ensino espírita, notadamente o que ocorre durante a ação evangelizadora de crianças e jovens.

O PROCESSO DE APRENDIZAGEM

O que é preciso saber para ensinar bem?

Será que algum dia uma pessoa com suspeita de doença pulmonar pediria ao técnico que radiografou o seu pulmão para que fizesse o laudo e fornecesse um diagnóstico? Alguém, em sã consciência, deixaria que um fisioterapeuta lhe operasse a coluna? Certamente que não. Nós sabemos que toda atividade, para ser bem desempenhada, deve ser antecedida de um aprendizado específico. Algumas requerem, mesmo, formação específica com alta especialização.

Não é por outra razão que os centros espíritas se empenham em preparar aqueles que se dispõem a ser tarefeiros. Cursos de passes, de educação da mediunidade, de atendimento fraterno, por exemplo, precedem à formação de novas equipes. Dinamizadores dos estudos sistematizados são igualmente capacitados, o mesmo ocorrendo com os evangelizadores.

Para esse último segmento, o venerável espírito Bezerra de Menezes fez recomendações bastante explícitas:

> ... a pessoa que deseja desempenhar a tarefa de Evangelização Espírita Infantojuvenil deve possuir conhecimento da Doutrina Espírita e boa moral como embasamento para a tarefa que pretende. Como necessidade igualmente primordial, deve ter conhecimento de Pedagogia, Psicologia, Metodologia, sem deixar à margem o alimento do amor, indispensável em todo cometimento de valorização do homem.

Por que será que ele recomendou conhecimentos específicos da área pedagógica? Por que não se limitou a recomendar o saber doutrinário espírita e o amor?

Nem todos os que têm um amplo e bem fundamentado conhecimento doutrinário são bons evangelizadores. O mesmo vale para os que têm muito amor para oferecer. Amor e conhecimento doutrinário são, de fato, imprescindíveis para um bom desempenho da tarefa, mas ainda assim não atingem o seu cerne no que ela tem de mais específico. Para que seja bem executada é necessário que o evangelizador entenda daquilo que está fazendo, ou seja, saiba como se dá o processo de ensino e aprendizagem. Conhecimentos de psicologia e de metodologia são instrumentos que facilitam o seu trabalho e, por isso, têm sido incluídos em cursos, oficinas ou treinamentos de evangelizadores e de dinamizadores de grupos de estudo.

Tradicionalmente, ênfase maior tem sido dada aos aspectos metodológicos da evangelização, talvez pelo fato de trazer subsídios imediatos para a prática ou por permitir espaços para trocas de informações interpares. O fato é que pouca atenção tem sido dada, na preparação de educadores espíritas, à questão da construção do conhecimento. Pouco se sabe sobre como se dá o processo de aprendizagem ou como o ser humano elabora o pensamento.

Nossa proposta é, justamente, oferecer subsídios que possam elucidar o processo de construção do conhecimento, esclarecendo melhor o que ocorre quando o ser humano aprende.

A formação de conceitos

"A brisa que anuncia o amanhecer se agitava levemente entre os bancos de areia."

Para aonde nos leva o pensamento quando lemos essa frase?

Se moramos perto do litoral e estamos acostumados a associar areia à praia, nosso pensamento será levado para um cenário de mar. Bancos de areia serão interpretados como um componente da paisagem praiana. Se esta palavra fosse dada para uma criança de cinco anos ela imaginaria que seria um banco feito de areia, mesmo que isso não exista. Algo bem concreto.

No entanto, para pessoas acostumadas com o deserto, a interpretação seria completamente diferente. A expressão "banco de areia" a remeteria para as dunas do deserto. Isso vem demonstrar que cada um ancora o pensamento naquilo que lhe é familiar.

Tomemos, então, o texto original que contempla

aquela frase, extraído do primeiro capítulo do livro *A travessia dourada* de Sirdar Ikbal Ali Shah, escritor árabe. O seu título já nos remete para a cultura árabe: "Partindo na alvorada de Allah". Eis os primeiros parágrafos:

> A brisa que anuncia o amanhecer se agitava levemente entre os bancos de areia... Um grito longo ecoou pelo caravançarai, a chamada do *muezzin* conclamando os homens a acordar para que se dedicassem às preces da manhã.
> "*La Ilaba IllLalh*" (Não há outro Deus a não ser Deus), ele repetia. "Orar é melhor que dormir! continuava em seu cântico". (p. 7)

Assim que lemos a segunda frase, deparamo-nos com duas palavras típicas da cultura árabe, mas desconhecidas para o grande público: *caravançarai* e *muezzin*.[1]

Supondo que a leitura estivesse sendo dada em uma sala de aula, o professor deveria, nesse ponto, perguntar aos alunos se estavam entendendo o texto, se havia alguma palavra cujo significado desconhecessem. Provavelmente, eles destacariam ambas as palavras. Esta seria, então, uma excelente oportunidade para levá-los à construção desses conceitos.

Infelizmente muitos optam pelo caminho mais fácil e de pior resultado: o que se apoia exclusivamente na memória. Isto é, oferecem, simplesmente, para a tur-

---

[1] É necessário esclarecer que estamos fazendo uso de termos da cultura árabe porque queremos que cada leitor se sinta aprendendo algo novo e tais termos são desconhecidos da maioria dos brasileiros.

ma, o significado da palavra, às vezes dito sem nenhum destaque, sem nenhuma ênfase. É como se apenas cumprisse uma exigência. "Caravançarai quer dizer: grande hospedaria onde se reúnem viajantes do mundo todo", falariam, seguindo adiante na leitura.

O aluno que conseguiu prestar atenção à definição terá apenas uma vaga ideia do que seja, desde que saiba o que significa hospedaria.

No processo de construção o caminho é diferente. Antes mesmo de oferecer qualquer definição, o professor se esforça para que os alunos compreendam o contexto no qual se insere a palavra. Pode, para isso, usar de vários recursos. Um deles é, por exemplo, a definição, seguida da apresentação de textos nas quais a palavra se apresenta. No caso em pauta, há um belo texto de Affonso Romano de Sant'Anna no qual ele diz:

> Caravançarai é o nome dado ao local onde as caravanas que atravessam o deserto param para se alojar temporariamente. E aí se encontram pessoas de várias tribos. Encontram-se e contam-se histórias. É quando a vida se assenta em si mesma e reduz-se ao essencial... [2]

Agora, então, os alunos teriam uma ideia melhor do que vem a ser caravançarai.

Poderia, se quisesse ampliar o nível de compreensão da turma, usar outro trecho do livro *A travessia dourada*:

---

[2] Caderno Prosa & Verso do jornal *O Globo* de 7 de junho de 2003, *"A vida é um Caravançarai"*.

> Nós três estávamos sentados num canto daquele caravançarai na Velha Istambul, onde em tempos idos muita mercadoria passou a caminho das terras do Ocidente. Tapetes de Bokhara, especiarias da Índia, sal e vinagre do Trabezão e montes e montes de frutos secos de Azmar eram transportados até lá pelos camelos que se moviam desajeitadamente sob o peso da carga. Agora, porém, sua glória havia-se extinguido. Novas rotas, métodos mais novos de transporte de mercadoria estavam em moda, e nós, três peregrinos, estávamos entre os cinco hóspedes do velho caravançarai naquela noite.

Percebe-se aí uma riqueza de detalhes que vão acionar, no cérebro, dezenas de imagens sensoriais. Pode-se imaginar o cheiro do ambiente, o colorido do visual, a barulheira dos homens e animais.

Melhor, ainda, para a construção do conceito, seria oferecer aos alunos a imagem de um caravançarai. Não há nada que se compare ao olhar, principalmente para as crianças. "A primeira tarefa da educação é ensinar a ver...", diz Rubem Alves. "É através dos olhos que as crianças tomam contato com a beleza e o fascínio do mundo..."[3] mas é necessário que os educadores direcionem seu olhar para que elas aprendam a ver, destacando os pontos essenciais da mensagem.

---

[3] Esta citação encontra-se no site do Rubem Alves, apresentado nas referências eletrônicas ao final do livro.

Processo semelhante poderia ser utilizado em relação à palavra *muezzin*. No dicionário, quando é encontrada (em muitos não existe), é assim definida: "sinônimo de almuadem, muezim: palavra de origem árabe que indica aquele que convoca os crentes à prece".

Da mesma forma que o exemplo anterior, a compreensão do conceito poderia ser obtida mediante outro texto daquele livro:

> Durante o dia inteiro a caravana trilha seu caminho pela planície dourada, vagarosamente, mas, com a certeza do destino. Na hora do pôr do sol ela para, o ***muezzin*** é chamado e as pessoas dedicam-se às orações.

Ainda aqui, talvez não fique claro o que seja, de fato, um *muezzin*. Dois recursos, nesse momento, seriam primordiais: um, trazer o conceito para a religião islâmica; outro, apresentar o próprio canto do *muezzin*.

Ao trazer para a cultura islâmica, o professor poderia perguntar aos alunos sobre os conhecimentos que têm a respeito. Muitos talvez fizessem associações com novelas, filmes ou documentários vistos na televisão. A partir daí, o professor poderia fazer uma ponte para o islamismo, mostrando fotografias de mesquitas, dos minaretes e do próprio muezzin.

Com esses elementos, o professor iria fazendo associação entre o que o aluno conhece e o novo. Associaria a mesquita à igreja. O minarete à torre das igrejas. E com o auxílio de fotografias e de aparelhagem de som, ofereceria à turma a figura e o canto do muezzin (hoje é muito fácil de obtê-los na internet).

Nos países árabes, os *muezzins* são encarregados de ir ao alto do minarete e de lá, fazer um canto arrastado, convocando os fiéis à oração. Esta cena lembra os sinos das igrejas católicas com as suas badaladas. Você, certamente, já deve ter visto muçulmanos ajoelhados lado a lado, em vastas fileiras, tocando o solo com a cabeça, em respeito a Alá. Onde há mesquitas, essas orações foram certamente precedidas pelo canto do *muezzin*.

Decorar ou compreender?

Comparemos, então, os dois processos de ensino: um, fornecendo apenas uma definição fria aos alunos; outro, permitindo que novos elementos possam ser conectados ao conceito que se pretende ensinar, utilizando, para isso, múltiplos meios: textos, comparações, fotos e sons. Cada um desses recursos ofereceu pontos de ancoragem para o conceito que então se formou.

Às vezes, um toque jocoso ajuda na aprendizagem. Costumamos lembrar, quando trabalhamos o conceito de *muezzin* nas oficinas com evangelizadores, que certa vez, estando em Damasco, na Síria, ouvíamos os cantos de *muezzins* que pareciam vir de todos os lados da cidade. Vendo a altura dos minaretes e sabendo que eles chamavam, lá de cima, o povo para rezar cinco vezes por dia, nos penalizamos, expressando esse sentimento para a guia que nos acompanhava. Foi então que ela nos tranquilizou: "Não tenha pena, não. Eles já não vão mais lá. O que nós estamos ouvindo agora é uma gravação!" Rimos muito, como riem os evangelizadores quando ouvem a narrativa.

Essas risadas atuam como um elemento a mais a favorecer a fixação da aprendizagem. Para que não haja dúvidas a esse respeito, vale lembrar que o próprio Kardec, quando ainda era o jovem professor Rivail, já afirmava, acerca do trabalho com as crianças, que: "O educador hábil saberá tirar partido das mínimas circunstâncias para fixar os conhecimentos; ele não teme excitar de tempos em tempos sua alegria levando-as a uma pequena digressão, ao lado de uma explicação séria".[4]

Agora, confira você mesmo, que talvez não soubesse, a princípio, o significado dessas duas palavras, o que ocorreu no seu cérebro. Experimente reler o texto e verifique por si mesmo.

> Um grito longo ecoou pelo caravançarai, a chamada do *muezzin* conclamando os homens a acordar para que se dedicassem às preces da manhã.

---

[4] RIVAIL, H. L. Denizard. *Textos Pedagógicos*. Jundiaí: Comênius. 1999, p.58.

Se tudo faz sentido, se há clareza na sua mente, é sinal de que você foi capaz de construir ambos os conceitos.

Lev Vygotsky, um teórico russo dedicado à psicologia, cujos mais importantes escritos são do início da década de 1930, ofereceu uma significativa contribuição à área da educação, notadamente no que tange aos processos de ensino/aprendizagem. Ele é o principal autor de uma famosa teoria da psicologia, a chamada Teoria Sócio-histórica.

Analisando a forma como o ser humano constrói o conhecimento, Vygotsky verificou que esse nasce da interação entre as pessoas, isto é, das trocas, sejam elas intencionais ou não.

Nós mesmos utilizamos esse processo para explicar como o professor deveria conduzir a formação daqueles dois conceitos. Imaginamos que você também ignorasse seus significados. Então, no caso, estabelecemos uma interlocução. De um lado, nós; de outro você, leitor. Ambos interagindo. Podemos quase apostar que você tenha, de fato, apreendido ambos os significados. Tudo indica que agora, ao analisar o que existe em sua mente, você verifica que atingiu a clareza conceitual. Nesse ponto, o processo que era interpessoal transformou-se em intrapessoal.

Do particular para o geral

Não importa qual seja a tarefa - de evangelização, do Estudo Sistematizado da Doutrina Espírita (ESDE), ou de palestra doutrinária -, se está presente um processo intencional de ensino/aprendizagem, envolvendo formação de novos conceitos, provavelmente haverá esse caminho: do interpessoal para o intrapessoal. E, em todos esses casos, a forma de construir o conhecimento poderá ser metodologicamente semelhante à que apresentamos.

Analisando a maneira como o Mestre Jesus ensinava, nos damos conta das inúmeras analogias que utilizava, sempre tiradas do cotidiano das pessoas que o cercavam. Elas eram o ponto de partida para transmitir o ensinamento pretendido.[5] "Ensino contextualizado", diriam os educadores atuais.

Assim, por exemplo, ao nos ensinar sobre a caridade, o que faz Jesus? Parte de uma definição? Não. Parte de um exemplo do dia a dia.

A questão metodológica fica tão explícita na parábola do Bom Samaritano que vale a pena trazê-la por completo, na narração do evangelista Lucas, a começar pelo diálogo que a precedeu.

> *Certa vez, o Mestre Jesus foi procurado por um doutor da lei, este lhe perguntou: Mestre, que farei para herdar a vida eterna?*
> *Então, Jesus lhe perguntou: Que está escrito na Lei? Como interpretas? A isto ele respondeu: Amarás o Senhor, teu Deus, de todo o teu coração, de toda a tua alma, de todas as tuas forças e de todo o teu entendimento; Amarás o teu próximo como a ti mesmo. Então, Jesus lhe disse: Respondeste corretamente; faze isto e viverás.*

---

[5] Sandra Borba Pereira, respeitada educadora espírita, publicou um artigo intitulado "*Uma introdução à proposta pedagógica de Jesus, seus princípios norteadores e práticas de ensino*" no qual faz uma análise primorosa a esse respeito.

Fica claro no texto que à primeira pergunta, o Mestre responde com outra pergunta, usando um método consagrado pelo filósofo grego Sócrates, quase quatro séculos antes: a maiêutica. Certo de que a própria pessoa que perguntou poderia chegar à resposta se lhe fizessem as perguntas certas, ele jamais dava respostas diretas. Ao contrário, levava seu interlocutor a pensar.

O diálogo poderia ter terminado com a resposta "... *faze isto e viverás*". Mas, segundo Lucas, o interlocutor não fica satisfeito e lança outra pergunta: "*Quem é o meu próximo?*"

Novamente, o Mestre não lhe oferece a resposta pronta. Responde-lhe narrando uma história usando elementos presentes naquela mesma região. A sua fala é permeada de personagens, lugares e situações conhecidas por ambos. Em uma palavra: contextualizada.

> *Certo homem descia de Jerusalém para Jericó e veio a cair em mãos de salteadores, os quais, depois de tudo lhe roubarem e lhe causarem muitos ferimentos, retiraram-se, deixando-o semimorto.*
> *Casualmente, descia um sacerdote por aquele mesmo caminho e, vendo-o, passou de largo. Semelhantemente, um levita descia por aquele lugar e, vendo-o, também passou de largo. Certo samaritano, que seguia o seu caminho, passou-lhe perto, e, vendo-o, compadeceu-se dele. E, chegando-se, pensou-lhe os ferimentos, aplicando-lhes óleo e vinho; e, colocando-o sobre o seu próprio animal, levou-o para uma hospedaria e tratou dele. No dia seguinte, tirou dois denários e os entregou ao hospedeiro, dizendo: Cuida deste homem, e, se alguma*

coisa gastares a mais, eu to indenizarei quando voltar. Qual destes três te parece ter sido o próximo do homem que caiu nas mãos dos salteadores? Respondeu-lhe o intérprete da Lei: O que usou de misericórdia para com ele. Então, lhe disse Jesus: Vai e procede tu de igual modo.

Tenhamos claro que o objetivo da narração da história foi o de elucidar a questão do "amor ao próximo" e, por extensão, a da caridade.

Ninguém que leia essa passagem irá imaginar que o Mestre queria dizer que quando passássemos pela estrada de Jericó e que víssemos uma pessoa machucada deveríamos socorrê-la. Isso seria levar a lição ao pé da letra, como fazem as crianças pequenas, ainda incapazes de abstrair.

Em termos teóricos, poderíamos utilizar um esquema trazido por Vygotsky ao abordar a construção do conhecimento, no qual são mostradas as relações entre dois polos: o saber do cotidiano e o saber sistematizado.

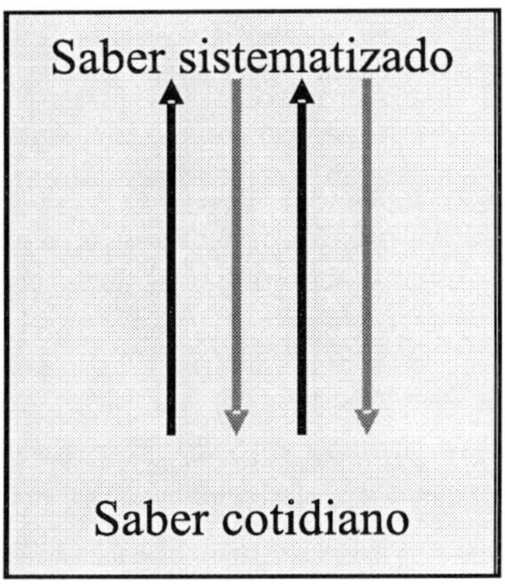

Assumindo o pressuposto de que há no cérebro da pessoa que está aprendendo algum conhecimento que pode servir de ponte para o conceito novo, parte-se, então, desse saber. Ele é, via de regra, o conhecimento do senso comum, usado no cotidiano, também chamado de saber espontâneo.

Volte, você mesmo, à parábola do Bom Samaritano e verifique a técnica utilizada pelo Mestre Jesus. Lá estão todos os elementos do cotidiano. Eles foram utilizados para que se inferisse o conceito de próximo na expressão "amar ao próximo". Como no esquema mostrado, partiu do saber cotidiano, isto é, daquilo que as pessoas conheciam, para o ensino pretendido, ao qual chamamos saber sistematizado.

Igualmente, quando Allan Kardec organiza o capítulo intitulado "Fora da caridade não há salvação" (Cap. XI de *O Evangelho segundo o Espiritismo*), está, de fato, sistematizando o saber em torno dessa temática. Podemos dizer que está construindo a base teórica do tema e ao fazê-lo, toma a parábola do Bom Samaritano como fundamento. Ou seja, faz o percurso metodológico exatamente como o mostrado no esquema: vai do saber cotidiano para o saber sistematizado, do caso particular para uma lição geral.

Ao continuar, porém, a explanação, o seu objetivo é oferecer ao leitor meios de melhor compreender os fatos da vida cotidiana a partir do saber organizado. Faz, então, o movimento contrário. E assim, nessa passagem do saber cotidiano para o sistematizado e vice-versa, ele nos ajuda na construção dos conceitos.

A propósito, foi exatamente dessa forma que o codificador organizou, por exemplo, *O Livro dos Espíritos*. Partiu dos fatos observados para chegar a uma sistematização do saber. Esse saber sistematizado, dado seu grau de generalidade, vem servindo para lançar luz sobre os casos particulares, sobre fenômenos vividos por determinadas pessoas, sobre certas situações concretas.

Kardec, em síntese, elaborou uma sólida teoria a partir de fatos. As pessoas que, de alguma forma, se depararam com fenômenos espíritas para os quais não tinham respostas, que se questionaram a respeito das leis divinas ou buscaram argumentos para tornar mais sólida a sua própria fé encontraram naquela obra respostas a suas indagações. O saber sistematizado iluminou as dúvidas do dia a dia.

Não importa a área do conhecimento, nem o nível dos aprendizes. Este método interativo de partir do particular para chegar ao geral é um ótimo auxiliar na formação de conceitos. Sua riqueza reside no fato de valorizar o conhecimento prévio do aprendiz. Na prática, consiste em fazê-lo caminhar através de um processo indutivo: do particular para o geral.

É claro que também se pode fazer o caminho inverso, isto é, usando-se o método dedutivo (do geral para o particular), mas sabemos que, do ponto de vista da aprendizagem, o anterior produz resultados mais visíveis e consistentes.

Ainda em relação ao método indutivo, queremos chamar a atenção para uma prática que, embora não sendo muito comum, já observamos em casas espíritas. Referimo-nos a reuniões nas quais os participantes são convidados a falar das suas experiências pessoais.

Quando um termina, outro começa, pegando o gancho do antecessor e assim continua, sucessivamente.

A reunião termina sem que o coordenador, ou dirigente, faça a ponte desses casos particulares para o geral, isto é, sem que saia dos relatos e busque enquadrá-los à luz da Doutrina Espírita. Os participantes podem sair satisfeitos por terem tido a oportunidade de serem ouvidos. Se a questão tratada está relacionada com um problema pessoal, podem até mesmo se sentirem aliviados pelo apoio recebido, mas perdeu-se ali uma excelente oportunidade de ampliar o nível de compreensão da situação vivida.

Não é por outro motivo que no atendimento fraterno há a orientação para que, após ouvir o relato da pessoa que está sendo atendida, se busque na Doutrina Espírita o suporte esclarecedor e, por consequência, consolador para o necessitado.

Quando o saber que se traz atrapalha

Enfatizamos, há pouco, a importância de se partir do conhecimento que o aprendiz já traz. Mas é preciso que se analise que tipo de conhecimento é esse. Vejamos o porquê no exemplo que se segue.

Certo dia, uma evangelizadora ao trabalhar a ideia de que não devemos guardar rancor no nosso coração desconfiou que os meninos não soubessem o significado da palavra rancor e decidiu perguntar-lhes. Todos disseram que sabiam e um deles explicou, fazendo com a mão o gesto de arrancar algo: "rancou, ó".

Conclusão: em um processo de aprendizagem, não

é qualquer saber anterior que pode ser usado como um ponto de partida. Por isso, é bom indagar do aprendiz o que ele sabe a respeito de determinado assunto com o objetivo de corrigir ideias preconcebidas ou conceitos equivocados.

Tomemos outros exemplos. O evangelizador deseja introduzir o assunto da Terceira Revelação. Para tal preparou uma atividade na qual pretende apresentar as revelações nas figuras de Moisés, Jesus e da Doutrina Espírita. Se ele se descuida dessa questão inicial, poderá estar falando de uma coisa e os evangelizandos pensando em outra. Para muitos deles, a palavra "revelação" está associada a fotografia. Afinal, abundam cartazes anunciando "revelação em 45 minutos" pelas ruas das cidades. De fato, cada um de nós ancora o conhecimento naquilo que lhe é familiar.

Como agir quando se depara com uma situação semelhante a essa? Em primeiro lugar, buscar fazer um levantamento das ideias prévias dos aprendizes. Uma vez verificada a existência de conceitos errôneos, cumpre corrigi-los, impedindo-os de atrapalhar a compreensão. Sem essa atitude - chamada de inibição das ideias que atrapalham a formação do conceito - é impossível avançar na construção do novo conceito.

Você já tentou explicar como a Doutrina Espírita concebe a justiça divina para uma pessoa que acha que ressuscitar é o mesmo que reencarnar? Que dificuldade! Para haver um mínimo de compreensão é fundamental que ela deixe de lado a ideia de ressuscitação (iniba esse conceito) e passe a pensar em reencarnação.

O processo de inibição está presente também - e

principalmente - quando se busca levar o aprendiz a fazer generalizações. Vejamos o caso da parábola do Bom Samaritano. Para se conseguir extrair a lição principal é necessário inibir todas as características específicas da história. Ou seja, não importa onde, com quem ou quando foi. O que deve ser generalizado é a forma de agir. Esta é a grande lição.

Tomemos outro exemplo: a lei de causa e efeito. Imaginemos que quem está discorrendo sobre o tema tenha partido de três casos de reencarnação de pessoas que estivessem resgatando, em uma nova vida, o que fizeram de errado em uma vida passada. Cada caso corresponderia a uma história, com seus personagens e suas circunstâncias presentes e passadas. Para se chegar à generalização de que os efeitos de hoje são causados em uma vida anterior é preciso inibir os detalhes e abstrair o que há de comum entre as três histórias. Inibição, abstração e generalização são, pois, fases do processo de formação de conceitos.

Evolução dos conceitos

Peçamos a um jovem espírita de dezessete anos, que tenha ingressado na evangelização aos sete, que compare o seu saber atual sobre *reencarnação* com o de há dez anos. Evidentemente que naquela época era muito mais limitado e circunstancial. Isso vem provar que os conceitos evoluem com o passar do tempo, sobretudo aqueles que estão sendo continuamente utilizados.

Exemplifiquemos com uma situação do cotidiano. Para a criança pequena, todo cachorro é, a princípio, au-au. Só com o passar do tempo é que os cães mais familiares vão sendo reconhecidos pelos nomes que seus donos lhes dão. No entanto, somente muito mais tarde é que a criança saberá distinguir um pastor alemão de um buldogue, enquadrando-os em uma ampla categoria: a dos cachorros.

Como se deu esse processo? Inicialmente o que ela reconhece é um animal que, ao invés de fazer miau ou cocorocó, faz au-au. Essa é a informação que fica. À medida que vai conhecendo o Black, o Rox, a Fofinha ou a Fifi, o conceito de au-au já não se aplica. Agora cada um tem um nome. O tempo passa e com ele novos cães vão passando pelo caminho da criança. Cães diferentes, sem nome. Mas há um nome que serve para todos – descobre ela em um dado momento. É cachorro. E daí para diante, a categoria mais ampla irá prevalecer sobre qualquer outra, no cérebro da criança. Não mais au-au ou Rex. Cachorro é um conceito que se aplica a qualquer um.

Essa é a forma como conceitos são adquiridos e ampliados. Do particular para o geral. Categorias específicas, particulares, vão dando lugar a uma categoria mais ampla que abarca o todo.

Assim também ocorre com o conhecimento espírita. A princípio os conceitos têm poucos pontos de ancoragem. Isso faz com que sejam circunscritos a situações concretas, tal como no caso em que a criança, que tem noções sobre reencarnação, diz para a avó velhinha: "Não fique triste, não. Você vai morrer, mas vai voltar como um bebezinho". Tudo estaria bem se na sua mente ela não imaginasse que isso se daria no dia seguinte à morte.

Mas para se compreender um conceito é necessário que a criança desenvolva outras funções mentais além da capacidade de inibir o que não pertence à categoria comum e generalizar tudo o que é comum a uma determinada categoria. Estamos falando, por exemplo, das capacidades de comparar, estabelecer relações e abstrair. Vejamos na prática como isso se dá, recorrendo a uma fábula.

Desde a antiga Grécia, Esopo já havia compreendido a vantagem de usar os exemplos dos animais para levar o homem a compreender o sentido das mensagens que queria passar. É de sua autoria a fábula "A lebre e a tartaruga".

> A lebre estava se gabando da sua rapidez, perante os outros animais:
> — Nunca perco de ninguém. Desafio a todos aqui a apostarem uma corrida comigo.
> — Aceito o desafio! - Disse a tartaruga calmamente.
> — Isto parece brincadeira. Poderei dançar a sua volta, por todo o caminho - respondeu a lebre.
> — Deixe de contar vantagem até ver quem ganha - recomendou a tartaruga.
> A um sinal dado pelos outros animais, as duas partiram. A lebre saiu a toda velocidade. Mais adiante, para demonstrar seu desprezo pela rival, deitou-se e tirou uma soneca.
> A tartaruga continuou avançando, avançando... Andava devagar, mas com muita força de vontade. Quando a lebre acordou, viu-a já pertinho do ponto final e não teve tempo de correr, para chegar primeiro. A tartaruga venceu a corrida.

Em um primeiro momento, isto é, com crianças na faixa de sete a oito anos, a história se resume nos quatro fatos básicos: a lebre fica contando vantagem que ganha de todo mundo; a tartaruga decide apostar uma corrida com ela; a lebre para para dormir e a tartaruga ganha a corrida.

Mais adiante, é possível que as crianças já comecem a se dar conta de que quem se achava muito esperta acabou perdendo. Mas tudo foi porque "ela decidiu tirar uma soneca". Dificilmente antes dos dez anos as crianças saberão extrapolar a lição que a fábula pretende passar: com perseverança se consegue superar os maiores desafios.

Até hoje não encontrei um só pré-adolescente que soubesse explicar a mensagem do provérbio "de grão em grão a galinha enche o papo". Todos, sem exceção, abordam a questão dos milhos que vão se acumulando no papo da galinha. Ninguém consegue captar a mensagem da poupança aí inserida. Essa forma de raciocínio está perfeitamente coerente com os estudos sobre a psicologia do desenvolvimento cognitivo.

Perguntar ajuda muito

A compreensão exige uma série de processos mentais, muitos dos quais estão fora do alcance da criança. Somente com ajuda ela é capaz de ir decompondo a situação, percebendo analogias, estabelecendo paralelos entre o que se passa com os animais e o que se passa consigo própria.

Assim, por exemplo, é preciso decompor, junto com ela - e não para ela - o comportamento da lebre, transplantando-o para o comportamento humano. É preciso ajudá-la, por meio de perguntas, a perceber no seu ambiente ou em seus conhecimentos anteriores, algo que corresponda às atitudes daqueles animais. Mesmo assim, corre-se o risco de que elas captem só o concreto da história, ou seja, de ficarem no estágio dos quatro fatos, apenas.

Afirmamos, porém, que se elas forem capazes de, antes dos 11 anos, estabelecerem analogias entre os comportamentos animais e os seus próprios, já deveríamos nos dar por satisfeitos. Somente com ajuda, as crianças antes dos 11/12 anos são capazes de abstrair a mensagem da história. Isso porque o pensamento abstrato não é algo que se possa ensinar às crianças. É uma conquista que só se alcança com o próprio desenvolvimento.

Cada fase do desenvolvimento infantil se caracteriza por um tipo de pensamento. Por questões ligadas ao amadurecimento do cérebro, a criança que pensa daquela forma ainda não consegue perceber suas incongruências. Voltando ao exemplo do conceito de reencarnação, o aprendizado do conceito irá se formando à medida que for sendo aprendido. Em geral, reaparece nas histórias, nos comentários sobre lei de causa e efeito, na abordagem sobre a justiça divina etc. A cada nova informação, vão se ampliando as conexões mentais ao mesmo tempo em que a ideia da reencarnação vai se tornando mais completa, mais clara. Embora ela já detenha alguma ideia sobre reencarnação, essa se mostra ainda bem distante do verdadeiro conceito.

Voltaremos a abordar a questão do pensamento infantil mais adiante.

Os conceitos do saber sistematizado irão, pois, ganhando amplitude e profundidade em função da intencionalidade de quem está ensinando. É preciso se ter clareza sobre este ponto, isto é, saber que o aprendizado vai ocorrer na dependência do que planejamos.

Antes de prosseguirmos, é importante assinalar que estamos aqui tratando de conceitos fundamentais da Doutrina Espírita e não de fatos ou dados pontuais (nomes, datas, títulos de livros, de locais etc.). Esses são guardados na memória da mesma forma como foram aprendidos.

"Sabia, mas esqueci."

Na escola somos submetidos a um currículo cujos programas nos levam a aprender uma infinidade de informações que só serão utilizadas no próprio contexto escolar. São matérias de provas, de trabalhos ou caem em exames específicos, como o vestibular. Você as estuda para ser aprovado. Algumas foram aprendidas com forte apelo à memorização. Outras, podem até ter sido bem ensinadas, mediante uma abordagem didática correta.

O tempo passou e, um dia, você se depara com aquele conteúdo e descobre que não consegue se lembrar do que se trata. Sabe que sabia, mas agora se esqueceu.

Da mesma forma que os conceitos evoluem, também podem involuir. Aquele caminho trilhado anteriormente, passando de um patamar para outro mais elevado, isto é, de um nível de pouco domínio do conceito para outro com mais domínio, se não voltar a ser utilizado tende a cair no esquecimento. Imaginemos uma escada. O ponto de partida é o primeiro degrau. Você conseguiu chegar ao segundo ou terceiro degraus. Nesse momento tem na memória o conteúdo aprendido. Tempos depois, se nunca mais voltou a acioná-la para se lembrar desse conteúdo, as conexões se enfraqueceram e é muito provável que você só guarde uma leve lembrança do aprendido ou que o tenha em total esquecimento. É como se voltasse ao degrau anterior, ao ponto de partida.

Com o conteúdo da Doutrina Espírita e dos evangelhos tal não deveria ocorrer, uma vez que somente são ensinados para serem utilizados na vida. Constituem nossos roteiros do bem viver, ajudando-nos a galgar nossa evolução espiritual.

É natural que diante de tantas palestras, leituras e estudos que fazemos, o cérebro não dê conta dos detalhes. A essência, porém, dos ensinamentos aprendidos devem permanecer, não para que os saibamos de cor, mas porque nos dão as diretrizes que buscamos.

Especificamente em relação à formação dos conceitos espíritas na evangelização infantojuvenil, nós os vemos como círculos concêntricos, que começam pequenos e vão se alargando gradativamente. Não há necessidade de haver muita preocupação com a quantidade do que está sendo ensinado. A exemplo do Mestre Jesus, importa trabalhar de forma gradual, sem ir além da capacidade de entendimento do aprendiz: "*Tenho ainda muito a vos dizer, mas vós não o podeis suportar agora*". Mais importante é a certeza de que esse ensinamento estará sendo assimilado pelo aprendiz de forma que ele possa aplicá-lo às situações de vida. "A educação, tal como deve ser, prepara o indivíduo para a vida tal como realmente ela é: para os destinos altaneiros que Deus concebeu e traçou para o Espírito"[6]. E isso vale, para todo educador espírita (de crianças, jovens, e também de adultos).

"Como assim?" – significado e sentido

Você fala algo e o seu interlocutor pergunta: "Como assim?", dando mostras de que não entendeu. Às vezes, não sabe o que significa a palavra. Outras vezes, até sabe, mas não consegue entender o sentido com que ela foi aplicada.

Os conceitos estão, conforme vimos, atrelados a palavras. O significado destas pode variar em função do sentido em que são empregadas, isto é, do contexto em que elas surgem. Na vida doméstica cotidiana, tanto quanto na escolar, percebem-se facilmente os diferentes níveis de profundidade e de amplitude que os significados passam a ter para a criança. Vejamos alguns exemplos.

Em casa a criança se habitua desde pequena a vestir roupa. Se no início "roupa" se refere a umas poucas peças de vestuário, com o passar do tempo passa a abarcar peças antes nunca vistas. Assim, graças à capacidade de generalização que tem a palavra, ao se defrontar, por exemplo, com um espartilho ou uma anágua de babados, ainda que seja pela primeira vez, provavelmente lhes atribuirá o significado de "roupa".

Essa mesma palavra, no entanto, poderá ser utilizada em diferentes sentidos. A jovem de classe média alta quando reclama que "não tem roupa para ir à festa"

---

[6] VINICIUS. *Em torno do Mestre*. Rio de Janeiro: FEB, 1979, p.167.

quer dizer algo muito diferente do pobre que diz que "não tem roupa para vestir"; a lavadeira que diz que "ainda não entregou a roupa da semana", está pensando em algo muito diferente do esnobe que afirma: "vi logo que era gente fina pela roupa". Entretanto, o significado da palavra "roupa" continua inalterado.

Certos problemas pedagógicos são gerados a partir dessa questão, isto é, do nível de amplitude com que uma palavra está sendo trabalhada. Assim, por exemplo, o fato de o aprendiz não compartilhar do mesmo nível de profundidade e amplitude de um conceito com um interlocutor – seja ele o evangelizador, um dinamizador de estudos doutrinários, professor ou o autor de um texto que ele esteja lendo - pode gerar desentendimentos. Se o significado que ele atribui a uma palavra é muito mais estreito e superficial do que o lhe atribui o seu interlocutor, a sua comunicação será, provavelmente, prejudicada. Se, além de haver diferentes níveis para o significado, também o sentido que ambos atribuem a essa palavra for diferente, aí estarão, talvez, fazendo um diálogo de surdos. É o que denominamos "ruído", em comunicação.

Isso ocorre com frequência em relação às histórias que lemos para as crianças. É natural que haja palavras que lhes sejam desconhecidas. Se essas forem em número reduzido e o significado de cada uma puder ser deduzido do contexto, não há o menor problema. Acontece que, algumas vezes, tal não ocorre. Se forem muitas as palavras novas, a compreensão da história acaba sendo comprometida, principalmente se o contexto não ajudar na dedução dos seus significados.

Experimente a seguinte frase, tirada da parábola do administrador infiel: "Granjeai amigos com as riquezas da iniquidade, para que, quando estas vos faltarem, vos recebam eles nos tabernáculos eternos". Imagine-se ensinando esse conteúdo. Que grau de dificuldade apresentariam seus evangelizandos para compreender a mensagem desse ensinamento? Possivelmente muito alto. E não nos admiraríamos se os próprios evangelizadores também encontrassem dificuldade na interpretação do pensamento do Mestre Jesus nessa passagem.

Só para encerrar, lembro-me de um caso narrado por uma evangelizadora. Certo dia, querendo mostrar a uma menina o que aconteceria se ela continuasse a faltar às aulas, disse: "Se você voltar a faltar eu vou ter que te cortar". A criança ficou assustadíssima. Chegando a casa, foi contar para a mãe o risco que estava correndo. Já podia ver a faca na mão da evangelizadora, pronta para "cortá-la", se faltasse de novo.

Em suma, a possibilidade de haver equívocos, distorções e tantos outros problemas ligados à questão do significado e do sentido das palavras é um fator relevante na comunicação para o qual quem ensina deveria estar permanentemente atento. Esses equívocos têm, no entanto, um lado positivo, se forem captados no decorrer do processo de aprendizagem, pois permitem ao educador perceber o que precisa ser corrigido.

O papel de quem ensina

Uma atitude muito recorrente nos nossos encontros de capacitação de evangelizadores é o pedido para que apresentemos o conteúdo sob a forma de livro ou apostila. "Nós entendemos, mas seria bom que tivéssemos o material escrito para melhor fixação". Em outras palavras, eles estão em busca do saber sistematizado. Sem que o saibam, ao fazerem tal pedido estão corroborando um princípio da psicologia da aprendizagem. De fato, na aprendizagem, o saber sistematizado desempenha um importante papel.

Ao contrário do conhecimento do senso comum que se forma espontaneamente, o que se aprende nas instituições educacionais é – ou deveria ser – hierarquicamente sistematizado. E a apreensão desse, conforme vimos, exige que seja intencionalmente trabalhado num processo interativo entre aquele que ensina e o aprendiz.[7] Ou seja, implica reconstrução do saber através de estratégias adequadas, oferecidas pelo educador.

Gostamos muito da visão que Vygotsky tem a esse respeito. Em uma simples frase, ele resume o que seria a essência de um ensino voltado para a compreensão. "[...] o professor, trabalhando com o aluno, explicou, deu informações, questionou, corrigiu o aluno e o fez explicar."[8]

Vejamos o que ele quis dizer, analisando a frase detidamente.

- "*trabalhando com o aluno*". A preposição "*com*" já revela uma atitude de interação. Trabalham professor e aluno. E o que é esse trabalho? O autor

---

7 Vygotsky enfatizou basicamente este tipo de interação. Posteriormente outros pesquisadores estenderam a ideia para a interação de alunos.

8 VYGOTSKY, Lev. *Pensamento e Linguagem*. Rio de Janeiro: Martins Fontes, 1987, p.98.

prossegue discriminando, inicialmente, o trabalho do professor.

- "*explicou*" e "*deu informações*". Explicar é muito mais do que fazer uma mera exposição. É buscar na mente dos alunos as ideias relevantes que servirão como ponto de partida para o que se quer ensinar. É caminhar a partir dessas ideias, ampliando os esquemas mentais já existentes, modificando-os ou substituindo-os por outros mais sólidos e abrangentes. Nesta tarefa desempenham papel fundamental a exemplificação e o enriquecimento do que está sendo explicado com um número suficiente de informações.
- "*questionou e corrigiu o aluno*", isto é, procurou verificar se a sua fala havia sido compreendida e, diante de possíveis erros, os corrigem.

É, como se vê, um processo dinâmico, construído passo a passo pelos aprendizes em estreita interação com aquele que ensina. Vale salientar que em termos mentais o questionamento e a correção, por parte de quem ensina, desempenham um relevante papel na aprendizagem. Conhecendo o nível de conhecimento do aluno, o professor bem preparado saberá fazer as perguntas que irão provocar o desequilíbrio na sua estrutura cognitiva fazendo-a avançar no sentido de uma nova e mais elaborada reestruturação. (Em psicologia é utilizada a expressão estrutura cognitiva para designar a forma como a pessoa organiza as informações no seu cérebro).

Talvez isso não esteja claro para você. Vejamos,

então, um exemplo. Um determinado aprendiz afirma que *"todas as pessoas reencarnam necessariamente com todas as demais com as quais já viveu"*. Isso é o que há na sua estrutura cognitiva. Ele captou a ideia, mas ainda guarda certas incongruências. Se assim fosse, nenhum espírito novo reencarnaria na Terra, pois todos, necessariamente, estariam unidos aos seus laços anteriores. No entanto, a questão 176, de *O Livro dos Espíritos,* na qual Kardec indaga se existem homens que estão na Terra pela primeira vez, tem como resposta: – *Há muitos, e em diversos graus.*

Então, ao invés de fazer uma crítica, o dinamizador poderá contrapor a essa ideia, uma pergunta: "Como você explica que o número de pessoas na Terra que em 1600 era de quinhentos milhões de habitantes, tenha chegado a mais de seis bilhões no ano 2000? Dessa forma estaria provocando um desequilíbrio na sua estrutura cognitiva, permitindo haver um avanço para um patamar superior de compreensão. Se nos lembrarmos da passagem da mulher adúltera, veremos com que clareza o Mestre Jesus utilizou essa técnica. Os escribas e fariseus que lá estavam agiam conforme o seu grau de compreensão. Afinal, estavam seguindo os preceitos da lei judaica. Ele, no entanto, propõe um conflito cognitivo (e moral): *"Atire a primeira pedra aquele que dentre vós estiver isento de pecado"*. O fato que se segue – a retirada de todos, um a um – vem demonstrar que saíram do nível de compreensão em que se achavam, reestruturaram o pensamento e atingiram um patamar mais elevado.

Retomando a nossa análise, vemos que não basta

apenas questionar. Completando essa ação está a de corrigir, que não se resume, em absoluto, na simples indicação do erro e na sua consequente substituição pela resposta correta. Conforme vimos anteriormente, no processo de aprendizagens de conceitos, a capacidade de isolar e abstrair são de fundamental importância. Para se chegar a esses processos mentais faz-se necessário inibir as ideias secundárias e particulares, enfatizando apenas o que é essencial.

- "*...e o fez explicar*". Talvez resida aqui o ponto alto de todo o processo. Ao pedir que o aprendiz explique, o educador pode detectar se ele está, de fato, se apropriando do conteúdo. Para isso é necessário que esse aprendiz consiga expor, com suas próprias palavras, o assunto tratado, deixando perceber possíveis relações com outros temas, que exemplifique com dados tirados do seu cotidiano, fazendo generalizações etc.

É curioso verificar que, de alguma forma, Kardec, na figura do prof. Rivail, já intuía que deveria haver uma profunda mudança na forma de ensinar, a fim de permitir que o aluno manifestasse suas perguntas, suas dúvidas. Dizia ele a respeito das crianças, em 1828: "seu espírito é ávido de conhecimento; elas testemunham por suas perguntas contínuas o desejo de se instruir; mas [...] rejeita-se quando elas fazem uma pergunta; recusa-se a se lhes ensinar o que elas desejam saber; perde-se assim a ocasião mais favorável, em que seu espírito está disposto" e termina por dizer "... e ainda nos espantamos, quando as crianças mostram pouca disposição para o estudo." Muito bom esse ensinamento que Kardec nos dá nesse texto!

É possível que diante do exposto você esteja pensando: mas isso dá trabalho e demanda tempo.

Vejamos, então, como deveríamos tratar da questão do tempo na instituição espírita.

A questão do tempo

É preciso ficar bem claro que há, entre os objetivos dos estudos na casa espírita e os realizados na escola formal, profundas diferenças. Qualquer que seja o nível ou o conteúdo do ensinamento espírita, o que se deseja é que o aprendiz incorpore o ensinamento à própria vida, que o vivencie na prática.

Às vezes, o tempo planejado não coincide com o dos aprendizes, surgindo então a necessidade de ampliá-lo. Enquanto a escola vai em frente porque tem um programa a cumprir, na casa espírita isso não deveria acontecer. Nela, porque se almeja real aprendizagem por parte de todos, esse fator não deveria, jamais, se constituir em obstáculo.

Por isso, entendemos - respeitando o direito de quem pensa diferente - que os programas e os currículos espíritas deveriam apenas servir de diretriz e não como uma meta a ser cumprida em um determinado tempo. Os interesses e as necessidades dos grupos deveriam se articular à programação pretendida, tornando-a mais flexível.

Para a maioria de nós o conhecimento espírita - em

permanente construção - vai se fazendo ao longo da vida. Ou será que alguém se preparou para ser espírita de uma maneira completamente sistematizada, tal como ocorre no ensino formal, fazendo provas ou sendo reprovado porque não aprendeu a matéria no decorrer do ano letivo?

O PROCESSO DE APRENDIZAGEM NO CÉREBRO

Sabemos que é o espírito quem pensa, sente e age, mas o faz utilizando-se do cérebro para se manifestar na matéria. O neurocirurgião espírita Nubor Facure é taxativo ao expressar seu conhecimento sobre este assunto.

> Podemos até reconhecer, adotando um paradigma espiritualista, que uma mente fora do contexto físico do cérebro pode dispor de recursos ou usar estratégias que sobrepujam toda fisiologia cerebral, mas, enquanto contida nessa "máquina" de neurônios, ela é limitada pelos recursos que esses neurônios podem oferecer.[9]

Nós não temos nenhuma dúvida a esse respeito, mas temos nos deparado com companheiros que defen-

[9] Esta citação é retirada do artigo "Operações mentais. Como o cérebro aprende", da *Revista Pedagógica Espírita*, número 1, de jan/fev 2008, p. 15

dem a ideia de que não precisamos adaptar o ensino ao nível cognitivo da criança, sob a alegação de que é o espírito quem aprende. Por isso, trazemos também a palavra abalizada do professor Herculano Pires:

> A criança encarna o ser com todas as suas potencialidades morais e espirituais, mas o seu instrumento de manifestação, o corpo físico não se apresenta em condições imediatas de manifestar em plenitude o seu estágio evolutivo. O ser está sujeito, inicialmente, às condições biológicas da espécie.[10]

Conforme se observa, ambos estão em acordo com Kardec em *O Evangelho segundo o Espiritismo* (cap. 8; 4). Afirma o codificador que "a partir do nascimento [da criança] suas ideias tomam gradualmente impulso, à medida que os órgãos se desenvolvem, pelo que se pode dizer que, no curso dos primeiros anos, o Espírito é verdadeiramente criança, por se acharem ainda adormecidas as ideias que lhe formam o fundo do caráter".

Portanto, neste capítulo, a proposta de analisar a atuação do cérebro durante o processo de aprendizagem limita-se, apenas, ao seu aspecto físico.

Em nossas oficinas sobre aprendizagem, propomos sempre ao grupo a tarefa que se segue, à qual você também está convidado a realizar. Iniciamos com a seguinte orientação:

---

10 PIRES, J. Herculano. *Pedagogia Espírita*. São Paulo: Edicel, 1986, p. 113.

Esta tarefa é individual e precisa ser realizada sem que se fale absolutamente nada. Tenha lápis e papel à mão e procure representar no papel algo que corresponda às palavras que serão apresentadas.

E após certificarmo-nos que todos estão prontos, vamos dizendo, uma a uma, as palavras ou expressões abaixo. Faça você também, representando-as com a escrita ou com um desenho:

1. Ponto de interrogação
2. Número par
3. União (não se trata do conceito matemático)
4. Medrança

E então? Fez? Repare agora o que aconteceu no seu cérebro no decorrer da atividade.

Foi-lhe extremamente fácil fazer o ponto de interrogação. Ele lá estava, no seu cérebro, do mesmo jeitinho que você aprendeu, um dia, na escola. A professora ensinou, mostrou qual o seu símbolo disse para que servia e você aprendeu. O cérebro registrou o fato. Como desde então você está sempre usando ou revendo esse símbolo, não foi esquecido. A conexão foi imediata. Você leu e imediatamente ele veio a sua mente.

A julgar pela nossa experiência, o número par também lhe foi fácil (você deve ter escolhido um dos cinco primeiros pares) pelos mesmos motivos do caso anterior. Mas se você optou por um número com mais de dois dígitos, então o seu cérebro teve um pouco mais de trabalho. Ele partiu da regra e derivou daí um número. Há um lugar no cérebro com o registro da regra, e a ação, que lhe parece completamente mecânica, na verdade não o foi. Houve uma tomada de decisão baseada em uma informação anterior. Houve conexão entre duas ou mais ideias.

Embora o conceito de união também tenha sido fácil de ser representado, o grau de dificuldade encontrado pelo cérebro não se compara ao primeiro caso por uma razão muito simples: ninguém lhe ensinou a representar esse conceito. Não houve um dia, na escola, em que ele fora ensinado. Você simplesmente o foi construindo ao longo da vida. Ele é fruto das suas vivências. Nas nossas oficinas cada um o representa de um jeito, embora todos corretos. Mais adiante veremos o que ocorreu no cérebro diante desse estímulo.

Passemos, agora, ao conceito de medrança. Podemos apostar que deu "um branco" na sua cabeça. Pode ser que você tenha achado que fosse algo a ver com medo. Errou. Medrança vem do verbo medrar, que significa brotar. Medrança é brotação.

O que significa esse "branco"? Não seria uma ausência total de significação? Uma falta de ponto de apoio para o pensamento? Falta de ancoragem? É o que veremos a seguir.

Essa simples experiência nos permite compreender melhor como é que o ser humano pensa.

Rede de neurônios

Imaginemos a seguinte situação: desde os primeiros dias de vida um bebê foi obrigado a se alimentar por uma mamadeirinha (pequena, do tipo chuquinha). Sempre que tinha fome, começava a chorar. A mãe o segurava no colo e lhe dava a mamadeira. Certo dia, quando estava com três meses, começou a chorar, pois já passava da hora da mamada. Sua mãe, que vinha chegando com a mamadeira para lhe dar, ouve a campainha da porta tocando. Como não há ninguém para atender, ela deixa a mamadeira no travesseiro, bem próxima ao rostinho do bebê e sai.

O que ela encontra ao regressar?

Qualquer pai ou mãe experiente responde, sem titubear, que irá encontrar a criança chorando, já que não consegue pegar a mamadeira e colocá-la na boca.

Mas, se essa mesma cena ocorresse quando a criança estivesse com um ano, será que ela estaria chorando? Provavelmente, não. Ela estaria tomando a mamadeira.

O que ocorreu nesses nove meses no cérebro da criança e que permite que ela se comporte dessa forma?

Mesmo quem não saiba exatamente o processo, talvez tenha respondido algo como "amadureceu" ou "se desenvolveu".

Todos nós temos ideias acerca deste processo, pois sabemos que o cérebro é quem comanda nossas ações, pensamentos, lembranças, emoções e muito mais.

Analisando a situação, pode-se dizer que, provavelmente, já havia no cérebro do bebezinho alguns registros como: as figuras da mãe que a amamentava e da mamadeirinha que ela lhe dava; o sabor, a textura e a temperatura do leite; as sensações de fome e de saciedade; o jeito como a mãe a segurava etc. Como já nascera com o reflexo de preensão, possivelmente poderia segurar a mamadeira se esta coubesse e fosse colocada na palma da sua mão. Também por reflexo, já sabia sugar o bico da mamadeira.

Então, se já contava com todas essas informações, porque não colocou a mamadeirinha na boca?

A resposta é clara: porque ainda não consegue coordenar todas as informações, transformando-a em uma ação, coisa que ela irá adquirir à medida que o cérebro for amadurecendo.

Pouco a pouco, alguns elementos começam a ser interconectados. Com o passar do tempo, por exemplo, já consegue pegar coisas e, com os movimentos de braço e mão, levá-las à boca. Reconhece a mãe como o ser que traz a mamadeira e se alegra antevendo a satisfação que terá ao ser colocado no colo. Passa a relacionar o jeito de a mãe pegá-la no colo com a mamadeira e essa com o sabor do leite. Vai, paulatinamente, relacionando todos os elementos presentes na cena que resulta na mamada. Por volta dos doze meses, consegue coordená-los entre si, ainda que nunca o tenha feito antes.

Os neurônios, esses mais de cem bilhões de células que estão presentes no sistema nervoso humano, são os responsáveis por esse resultado. São eles que permitiram ao cérebro do bebê, mais especificamente a parte cinzenta e mais externa do seu cérebro, o seu córtex cerebral, conduzir os impulsos nervosos de diferentes áreas, conectando-as entre si. Ou seja, os neurônios, através de substâncias químicas chamadas neurotransmissores, levam informações que percorrem, em frações de segundos, diferentes pontos do cérebro. À conexão entre os neurônios dá-se o nome de sinapse.

É preciso esclarecer que o córtex cerebral é um tecido fino, composto essencialmente por uma rede de neurônios densamente interligados de tal forma que nenhum neurônio está a mais do que algumas sinapses de distância de qualquer outro neurônio.

Voltando ao ponto de partida

Retornando àquele exercício com as palavras, e tentando explicar o que ocorreu no cérebro daquele que fez o teste, o primeiro ponto que se destaca é que nenhuma conexão entre neurônios ocorreu no cérebro daquelas pessoas que disseram que "deu um branco" ao ouvirem a palavra *medrança*. Tiveram apenas a percepção de que se tratava de algo desconhecido.

Em relação à *união*, ocorreu o inverso: todos tinham, não só vários pontos de conexão, como também esses pontos eram diferentes entre as pessoas. União tanto pôde ter sido representada por membros de uma família, como elos de uma corrente, mãos entrelaçadas, ou de uma outra forma que tivesse retratando a essência do conceito. Isso se explica pelo fato de cada um ter construído o conceito ao longo da vida. Ele foi estruturado de uma forma ímpar e pessoal no cérebro. Você o sabia, não porque o tivesse decorado, mas sim porque o construíra no decorrer da própria vida.

Nunca é demais frisar que o objetivo da evangelização espírita, seja em que nível for, é o da transformação moral da pessoa, processo que pode ser facilitado pelo aprendizado dos conceitos doutrinários espíritas cristãos e que implica incorporação dos conteúdos às ações do dia a dia. O melhor exemplo de como deve ser tal processo é o que ocorreu no seu cérebro ao representar o conceito de *união*. Tudo o que se deseja é que o aprendiz compreenda e faça uso dos conceitos doutrinários e da moral cristã nas suas ações cotidianas.

Para melhor entender a construção desse conceito, basta lembrar-se do primeiro que foi apresentado: ponto de interrogação. Ele não foi pessoalmente construído, nem tampouco foi fruto de qualquer vivência. Estava, simplesmente, em algum lugar do córtex cerebral e a conexão foi feita facilmente, entre a palavra e o símbolo porque se tratava de algo que nunca deixou de ser utilizado.

Quando começamos o capítulo anterior tivemos o propósito de levar você, leitor, a aprender dois novos conceitos: *caravançarai* e *muezzin*. A julgar pela nossa experiência nas oficinas com os evangelizadores, agora você os incorporou à sua estrutura cognitiva. Para isso fomos buscando pontos de conexão no seu cérebro: hospedaria, caravanas, deserto, oração... Sem que você percebesse, fomos oferecendo caminhos para que as conexões se fizessem. Se tivéssemos dado uma definição, pura e simplesmente, é possível que, por um certo tempo, a palavra se mantivesse na sua estrutura cognitiva, mas sabemos que, após algum tempo sem uso, ela acabaria por desaparecer. É o que acontece com todos aqueles conteúdos escolares que nos parecem destituídos de qualquer utilidade e que são apenas decorados. Como não há uma rede de significados para lhes dar suporte, são esquecidos, com o passar do tempo.

Para evitar a ocorrência de situações como essa, é importante que quem ensine ofereça ao aprendiz uma rede de significados, que apele para os diferentes sentidos, que varie os recursos. Por mais homogênea que seja uma turma, ela é composta por pessoas que tiveram vivências diferentes, têm diferentes tipos de inteligência e se encontram em diferentes graus evolutivos. Cada um estrutura o conhecimento de uma forma peculiar. Portanto, para alcançar a todos é preciso que se usem diferentes meios, que se construam pontos de ancoragem para as ideias que se deseja introduzir.

Em termos práticos, significa dizer que, na tarefa pedagógica, quanto mais variadas as linguagens utilizadas (desenho, pintura, dramatização, plásticas, leitura, música, filmes etc.), mais ricas se tornam as estruturas cognitivas dos alunos, e, por consequência, melhor se faz a compreensão.

Apenas para conferir a veracidade do que estamos afirmando, experimente ler a sequência de palavras que se segue e verifique se não há uma correlação entre todas elas, por mais estranho que isso possa parecer: *árabe - muezzin - oração - caravana - Alá - Bin Laden - kurbash - hospedaria - camelos - World Trade Center - caravançarai.*

Então? Associou todas entre si? Claro que não. Há uma palavra que ficou solta nessa corrente: *kurbash* (uma espécie de chicote usado como instrumento de punição entre os muçulmanos). Embora seja uma palavra deste contexto, em momento algum lhe foi feita alguma menção, razão pela qual não pôde ser associada às demais. As outras, você encadeou porque lhes conhece os significados e o seu cérebro é capaz de perceber o motivo de elas estarem associadas.

Os patamares da aprendizagem

Experimente ler um clássico das histórias infantis para uma criança de um ano. Por mais interessante que o livro seja, nenhuma reação lhe causará, exceto querer levá-lo à boca. Essa mesma história, contada cinco anos depois, irá agradar em cheio, envolvendo-a em um doce encantamento.

Como se explica tamanha mudança? Como compreender o processo mental e emocional em jogo?

De alguma forma, já começamos a dar as respostas ao tratarmos da rede de neurônios, ao trazermos o exemplo do bebê que não consegue pegar a chuquinha aos três meses de idade, mas que o faz facilmente quando completa um ano.

Voltemos, então, à questão, para aprofundá-la um pouco mais. O cérebro da criança, desde quando ela nasce, tem possibilidades inimagináveis de aprendizagem. Todos os estímulos que a ele chegam podem ser armazenados sob a forma de informação, processo esse que tem início ainda no útero materno.

Analisando o primeiro ano de vida do bebê, os neurologistas estão descobrindo o bombardeio de informações a que ele está submetido diariamente e que são transmitidos ao seu cérebro. Antes mesmo de saber falar, as informações captadas através dos sentidos já lhe permitem interagir com o meio. Assim, por exemplo, um bebê, de aproximadamente um ano, reage com um sorriso aos rostos conhecidos e com choro aos estranhos; demonstra alegria quando percebe que o estão levando para passear e grita se está passando da hora da alimentação.

Há, no entanto, infinitas situações às quais não expressa nenhuma reação, como, por exemplo, diante da narração de uma história infantil. Tais situações são aquelas que estão, do ponto de vista cognitivo, em um patamar muito mais elevado do que o seu nível atual de desenvolvimento.

Mas a mesma criança que não reage ao ouvir uma história, pouco tempo mais adiante, já é capaz de se interessar por livros que tenham figuras grandes e coloridas. Folheia-o de frente para trás e de trás para frente. O que menos importa é a história. Prende-se apenas às figuras. Especialmente às que retratam algo familiar. Repassa as páginas e volta às figuras conhecidas. Aponta-as com o dedo, balbucia coisas nem sempre inteligíveis. Dá, entretanto, claras demonstrações de que aquilo faz sentido. Ou seja, em meio a tantas informações cujo sentido lhe escapa, a criança reconhece algo que já se encontra registrado em seu cérebro. O gato, o cachorro, o passarinho, a bola... O restante não passa de algo sem significado, pelo qual não vale a pena se interessar. Somente o conhecido merece ser visto e revisto. Dezenas de vezes. E assim será durante certo tempo.

Qualquer observador atento ao desenvolvimento de uma criança desde os primeiros dias de nascido, naturalmente já percebeu que não adianta forçar determinadas conquistas antes da hora, quer no campo motor (ficar de pé, engatinhar, andar), emocional, ou mental. Elas simplesmente não irão ocorrer antes do tempo certo. O observador sabe que tudo depende do seu nível de amadurecimento.

Jean Piaget, pesquisador suíço que se notabilizou

por seus estudos sobre o desenvolvimento infantil, dentre as inúmeras experiências que conduziu, fez aquela que comprova de forma irrefutável essa questão.[11] Trata-se de um teste no qual há um experimentador e algumas crianças de diferentes idades (por volta de 4/5 anos, por volta de 6/7 anos e acima de 8 anos). Cada criança é conduzida para a prova isoladamente. A ela são propostas diferentes tarefas, sendo uma delas a seguinte: "aqui estão dois copos iguais e transparentes - o seu e o meu - e aqui temos uma caixa com contas. Você vai colocar uma conta no seu e eu vou colocar uma conta no meu. Podemos começar." Quando o copo já está com uma boa quantidade de contas, o pesquisador para, diz para a criança colocar mais uma conta, e então prossegue, fazendo da mesma forma: uma para cada um. A prova continua com ele perguntando à criança: "Onde tem mais? No seu ou no meu copo?"

Os resultados mostraram que as crianças mais novas respondiam que havia a mesma coisa. Quando o pesquisador lhes perguntava como é que sabiam disto, elas respondiam que era porque estavam vendo. Nessa hora, ele lhes pedia que contassem o que aconteceu e elas sempre davam a mesma resposta: "Eu coloquei uma conta, depois você colocou outra; eu coloquei uma, e você outra e foi assim até que você me pediu para parar. Aí eu coloquei mais uma". Nesse instante, o experimentador parava a prova e perguntava à criança, face

11 Esta experiência pode ser encontrada, em detalhes, no livro *Aprendizagem e Estruturas do conhecimento*, de autoria de três colaboradoras de Piaget: Inhelder, Bovet e Sinclair.

ao que ela acabara de falar: "Então? Onde tem mais?" e ela insistia em dizer que as quantidades eram iguais. Essa mesma prova, realizada com as crianças mais velhas mostraram um resultado diferente. Elas sabiam que aquela conta extra fazia a diferença, embora isso não pudesse ser constatado visualmente. Isto é, elas já haviam construído o conceito de número.

Piaget dizia que com as crianças mais novas não havia coordenação entre as ideias, prevalecendo aquilo que podia ser contatado pelo julgamento visual. De fato, uma conta não alterava o nível das contas no copo e, na impossibilidade de fazer essas análises em função do seu pouco amadurecimento mental, a criança permanecia irredutível no seu ponto de vista.

O mais interessante dessa experiência é a lição que traduz para os que vivem dizendo que a criança não aprende porque não presta atenção. Pelo menos no caso retratado, isso não é verdade. Ela tanto prestou atenção que foi capaz de reproduzir verbalmente, na íntegra, toda a prova.

Outra constatação que é feita a partir desse teste é que a aprendizagem se dá por patamares. Uma vez feita uma conquista, a criança se manterá algum tempo no patamar conquistado, antes de avançar novamente. Na área motora isso fica bem patente: antes de andar sozinha, a criança fica algum tempo engatinhando. Posteriormente, esse comportamento passa a dar lugar a tentativas de se levantar agarrando nas coisas, que também será feito por algum tempo.

Situação semelhante acontece no plano intelectual. O desenvolvimento acontece em estágios ou patamares, na dependência do amadurecimento do cérebro.

Todo aquele que atua junto a crianças pode identificar esses diferentes estágios. Entre os trabalhadores da evangelização espírita infantojuvenil isto se torna evidente quando se tem a oportunidade de acompanhar as crianças ao longo dos anos. De egocêntricas tornam-se mais sociáveis; de distraídas tornam-se mais concentradas; a aprendizagem que necessitava de elementos concretos passa a ocorrer na ausência desses.

Enquanto os neurônios não passam por um processo que os finaliza, deixando-os mais rápidos e mais eficientes na transmissão dos impulsos nervosos [12], a criança não consegue, de forma lógica, fazer as coordenações mentais entre as ideias existentes no seu cérebro. Às vezes até acerta, mas é por outros motivos, como, por exemplo, a imitação, mas não por estar raciocinando logicamente.

Em suma, é difícil haver interesse naquilo que estamos ensinando se estamos exigindo algo muito distante do nível de amadurecimento intelectual do aprendiz. Isso não significa que devamos nos acomodar e esperar que a criança se desenvolva para começar a ensinar-lhe. Vygotsky afirmava que "O bom ensino é aquele que se adianta ao desenvolvimento", querendo dizer que a criança, sendo adequadamente estimulada, é capaz de desenvolver-se intelectualmente. A atividade a força a

---

[12] Este processo chama-se mielinização. Uma das partes do neurônio (o axônio) vai sendo envolvido por uma substância chamada mielina. Este processo se dá em diferentes momentos para cada área do cérebro.

sair do ponto em que se encontra para atingir padrões mais elevados de compreensão. Percebe-se isso com clareza quando vemos crianças de idades diferentes (mas um tanto próximas) brincando. As que não conseguem fazer ou compreender as regras da brincadeira, vão fazendo assim mesmo e, depois de várias tentativas, conseguem acompanhar as demais.

Sabemos de companheiros que trabalham com turmas de evangelização com idades variadas que observam essa ocorrência. Os mais velhos servem de modelo e incentivo para os menores. A diferença de idade, porém, não pode ser muito grande porque, nesse caso, os interesses serão muito diferentes, prejudicando a motivação.

Motivação: um novo olhar

Sábado, de manhã. Falta pouco para o horário da evangelização. A criança mal pode esperar o momento de ir para a casa espírita. Chega bem antes da hora. Fica na entrada esperando pelos que vão chegando. Seu rosto se ilumina quando vê sua evangelizadora e corre para abraçá-la.

Esta cena, possivelmente muito familiar a inúmeros evangelizadores, fala-nos de um dos fatores mais importantes para o sucesso da aprendizagem: a motivação. Quem se mostra motivado está predisposto para aprender.

Até há bem pouco tempo, definíamos a motivação como sendo a capacidade de despertar o interesse do aprendiz. Hoje, com as contribuições das neurociências, temos uma ideia mais clara a respeito. É por esse ângulo que vamos abordar esse assunto.

Imaginemos a seguinte cena: domingo de sol. O pai levou seus dois filhos para um passeio na praia. Os dois meninos estão há mais de meia hora jogando bola. Um chuta e o outro pega no gol, alternadamente. Eles estão visivelmente felizes, pois há pequenas vitórias a cada momento. Isso lhes causa um intenso prazer. Tanto que, ao chamado do pai para irem embora, respondem sempre com um "Peraí, pai. Só mais esse."

Há, no cérebro, uma área que reconhece essa atividade como prazerosa e que a retém na memória como algo muito bom de fazer.

Por que será que essa atividade produziu tanto prazer? A explicação vem dos neurocientistas: porque houve uma descarga de dopamina no cérebro, e essa substância dá à pessoa uma sensação de prazer.

Quando qualquer um dos meninos está em casa e se lembra dessa atividade, vem à sua mente o prazer que sentiu ao realizá-la, levando-o a querer jogar novamente. Nessa hora ele já pode antecipar o prazer que terá. Essa é a razão de ele estar sempre motivado para aquele jogo de bola.

Então, podemos definir motivação como sendo algo interno, que nasce do prazer antecipado que se espera ter em relação a alguém, a uma situação ou a alguma coisa.

Aquela criança que sai cedo de casa para o encontro da evangelização pode ter como motivação o carinho da evangelizadora, a possibilidade de ser aceita por aquele grupo, o bem-estar que sente no ambiente espiritual da casa ou a alegria que reina nos encontros. Mas pode, também - principalmente se ela é curiosa - ser motivada pelas descobertas que vai fazendo a respeito das coisas do espírito.

Para cada tipo de criança ou de jovem haverá uma forma de atrativo na evangelização, mas o certo é que, se ele dá mostras de que gosta da evangelização é porque, no seu cérebro, isso deve lhe provocar algum prazer. Sem esse estímulo interno, dificilmente ela a frequentaria por livre vontade.

Naturalmente, os estímulos exteriores que chegam ostensivamente aos jovens e às crianças atuam como fortes concorrentes, disputando a sua motivação. No momento presente, mais do que nunca, os videogames, os players, a internet, a TV, os DVDs e todos os modernos equipamentos eletrônicos voltados para esses públicos são responsáveis por os manterem ocupados, roubando o tempo de todas as demais atividades, inclusive das brincadeiras tradicionais. Mas não há motivo para alarme. O que nós temos para oferecer é simplesmente fantástico. Se soubermos trabalhar bem, conseguiremos motivar a todos, pois evangelização é o momento das descobertas que poderão dar sentido à vida, momento de esclarecer dúvidas, de responder a questionamentos, de afastar o medo.

A título de ilustração, em pesquisa recente com jovens brasileiros de 15 a 28 anos ficou patente o quanto estes temem a morte. Somado ao medo da perda final de parentes e outras pessoas próximas, o medo da morte representou 40% das respostas. Esse foi o percentual mais elevado, seguido pelo medo da violência (13%) - o que, no fundo, tem estreita ligação com a morte[13]. Tais jovens talvez não engrossassem esta estatística se tivessem conhecimento da Doutrina Espírita, dado o seu caráter esclarecedor e libertador.

Mas o conhecimento da Doutrina Espírita é motivador não apenas para jovens e crianças. Ele também o é para adultos que, da mesma forma, estão procurando respostas para as suas indagações.

Para todos eles o momento de estar na casa espírita tem um atrativo a mais e que, por certo, é sentido como uma sensação de bem-estar. Estamos falando do amparo espiritual que é oferecido no decorrer da atividade de estudo e que atinge a todos, independente da idade.

E esse amparo é inegável. Nos nossos contatos com evangelizadores estamos sempre ouvindo uma história que se repete: sempre que as crianças saem de férias, os encontros do primeiro mês transcorrem em um clima de agitação e indisciplina, clima que muda por completo com a chegada do segundo mês. Não seria isso um indício da influência espiritual a que passam a se submeter?

Outro aspecto presente nos grupos de estudo e da evangelização, com profundo potencial motivador, é o acolhimento. Sentir-se amado e bem-vindo produz no cérebro uma grande sensação de prazer. Esse acolhimento, aliado às lições evangélicas do amor ao próximo deve impregnar a ação dos educadores espí-

---

13 Pesquisa do Datafolha feita em 168 cidades com mais de 1.500 jovens publicada em 2008.

ritas, provocando em todos os aprendizes uma intensa motivação.

O fácil e o difícil

Com o intuito de despertar a motivação produzem-se muitos equívocos, como por exemplo, optar-se por trabalhar o que se considera fácil, desprezando-se o difícil. Essa é uma temática que merece ser melhor analisada.

Você já notou que, muitas vezes, após ler o resumo de um determinado assunto que você não domina, posteriormente, ao tentar se lembrar descobre que não o consegue? No entanto, ao lê-lo, não teve dificuldade alguma. Parecia tudo muito fácil. Isso ocorre por uma razão especial que veremos a seguir.

Antes, porém, gostaríamos de convidá-lo a realizar um pequeno teste. É muito simples e talvez você pense que não entendeu o comando. Mas é simples mesmo. Trata-se de um teste de emparelhamento usando dois critérios diferentes. Em ambos, você terá que formar pares de palavras, numerando a segunda coluna de acordo com a primeira. No primeiro caso você terá que emparelhá-las pela letra inicial (Ex.: bola/bule; haste/homem). No segundo, o critério do emparelhamento é a associação de ideias (sapato/meia; borboleta/casulo) [14].

---

[14] Este teste é uma adaptação feita a partir de uma experiência originalmente feita por Zinchenko, um dos primeiros auxiliares de Vygotsky, que foi relatada posteriormente por Alexis Leontiev. É possível encontrá-la no livro de nossa autoria intitulado *"Aplicações de Vygotsky à Educação Matemática"*, da Editora Papirus.

Numere a segunda coluna de acordo com a primeira por letra inicial.

1. Casa	( ) Loja
2. Violão	( ) Pata
3. Sapato	( ) Neve
4. Girafa	( ) Garfo
5. Dedo	( ) Saco
6. Lua	( ) Carro
7. Mala	( ) Vidro
8. Nó	( ) Morro
9. Queijo	( ) Dado
10. Papagaio	( ) Quadro

Numere a segunda coluna de acordo com a primeira por associação de ideias.

1. fechadura	( ) rato
2. galinha	( ) campeão
3. banana	( ) chave
4. leite	( ) agasalho
5. abelha	( ) macaco
6. medalha	( ) boia
7. samambaia	( ) mel
8. gato	( ) vaso
9. barco	( ) vaca
10. inverno	( ) pintinho

Nós sempre incluímos esse teste nas nossas oficinas sobre desenvolvimento cognitivo. Ele é apresentado bem no início e, quando estamos prestes a terminar, nós o retomamos, para completá-lo. Somente então se estabelece a ligação com o tema proposto, ou seja, discutir a questão do fácil e do difícil na aprendizagem.

Nesse segundo momento, que ocorre cerca de três horas depois da realização do teste, os participantes têm que se lembrar dos pares de palavras, segundo ambos os critérios. Todos os cuidados são tomados para que não haja nenhum tipo de interferência externa nessas lembranças (não falar com ninguém, nem mesmo em voz alta e não buscar ajuda de forma alguma). Depois de aproximadamente três minutos, fazemos a avaliação do resultado. E o que se verifica é impressionante. Tal como ocorreu na experiência original, todas as vezes que repetimos essa experiência o maior número de pares lembrado é sempre o relativo à associação de ideias.

À primeira vista, o tipo de atenção requerido em ambos os critérios é o mesmo. Seria impossível realizar a tarefa sem estar atento. Há, entretanto, uma profunda diferença quanto ao nível de consciência em cada caso.

Repare que no primeiro caso, cuja tarefa era extremamente fácil (emparelhar as palavras de acordo com a letra inicial), você viu, distinguiu e selecionou uma dada palavra que estava no seu campo de atenção, mas, de fato, a sua consciência estava focada apenas na *letra inicial* do nome e não nele próprio. Ou seja, a tarefa era tão fácil que aqueles pares de palavras não foram sequer arquivados na sua memória.

No outro caso, sua consciência estava toda voltada para o significado das *próprias palavras*. Era nelas que você teria que prestar atenção, enquanto procurava, mentalmente, relacioná-las. E não foi somente isso. Os próprios critérios de associação foram variando de uma palavra para outra, forçando o seu cérebro a mudar constantemente. Quando você, por exemplo, percebeu que o critério era "filiação" (galinha/pintinho) e tentou aplicá-lo a outros pares de palavras, viu que nada mais se encaixava. Assim, teve que abandoná-lo e buscar outro critério. Talvez você tenha achado que seria "produção" (abelha/mel). Novamente teve que encontrar outro critério quando observou que esse só serviria para vaca/leite. E, trocando-os sucessivamente, a fim de enquadrar certos pares como macaco/banana, gato/rato, barco/boia, você foi avançando, até completar o teste. Embora você não o percebesse, houve um trabalho mental intenso no seu cérebro, e foi essa a razão que o levou a recordar esses pares com facilidade. A atividade foi acompanhada de consciência, o que, praticamente, não ocorreu no primeiro caso.

Analisemos, agora, o próprio fazer. Evidentemente que o mais fácil foi o primeiro. Não havia nada para pensar. Bastava pegar a palavra e procurar, na lista ao lado, outra com a mesma letra. O curioso, porém, foi que, ao se tentar lembrar dos pares, o que ficou retido na memória foi o que continha certo nível de dificuldade. A propósito, é atualíssima uma fala do jovem prof. Rivail, aos 24 anos de idade, a respeito das tarefas destituídas de sentido que se obrigavam os estudantes do seu tempo a realizar: "...esse trabalho é repulsivo; não lhes satisfaz a imaginação; não exerce em nada suas faculdades de observação; são palavras vazias de sentido com que suas cabeças são enchidas à força, mas que não os faz pensar." [15] Veja: "*enchidas à força*". Significa dizer: forçado a decorar, possivelmente, mediante inúmeras e entediantes repetições.

A conclusão a que chegamos é que quando o nosso cérebro encontra estímulos desafiadores, a busca da solução ativa centros da memória, permitindo que tais soluções sejam recordadas posteriormente. E o contrário também é verdadeiro. Aquilo que chega ao cérebro quando se tem baixo nível de atenção tende a ser esquecido.

Os estudos nas casas espíritas devem, pois, levantar questões desafiadoras, fazendo com que haja uma maior focalização da consciência para aquilo que se quer ensinar. Mas é preciso cuidado porque, às vezes, com a intenção de se despertar o interesse sobre determinado tópico de estudo, apela-se para exemplos tão polêmicos e inoportunos que acabam desviando a atenção dos educandos do assunto principal. É, pois, necessário se estar atento ao foco, principalmente.

Há, nos evangelhos, inúmeras passagens que demonstram como o Mestre Jesus levantava questões desafiadoras com o objetivo de ensinar. Vejamos o seguinte:

> *Um certo credor tinha dois devedores: um devia-lhe quinhentos dinheiros, e outro cinquenta. E, não tendo eles com que pagar, perdoou-lhes a ambos. Dize, pois, qual deles o amará mais?*

---

[15] O trecho citado encontra-se no livro *Textos pedagógicos*, de autoria de Allan Kardec quando ainda era o Prof. Rivail, p. 57. Há passagens muito interessantes que deveriam ser lidas por todos os evangelizadores e educadores espíritas.

E por que reparas tu no argueiro que está no olho do teu irmão, e não vês a trave que está no teu olho? Qual de entre vós será o homem que tendo uma ovelha, se num sábado ela cair numa cova, não lançará mão dela, e a levantará?

Prosseguindo a análise da questão do que vem a ser o fácil e o difícil no processo de ensino/aprendizagem, queremos registrar um equívoco que vemos com frequência: a apresentação de um assunto novo sob a forma de esquema ou de síntese. A síntese deveria ser sempre ponto de chegada, jamais de partida. Se você estudou muito um assunto poderá querer fazer uma síntese para fixar seus pontos principais. Essa mesma síntese, oferecida a alguém que nada sabe do tema, ao invés de facilitar-lhe a compreensão, possivelmente a dificultará. Nela estariam faltando as informações cujos sentidos só foram captados por aquele que a elaborou.

O mesmo se aplica a listas de tópicos, cada qual acompanhado de uma pequena definição. Ali estão comprometidas a compreensão e a memorização. Não é à toa que temos tanta dificuldade de repassarmos para alguém uma relação de tópicos, se o tema que ela apresenta não nos for familiar.

Apenas para esclarecer, tente se lembrar de como você aprendeu os tipos de mediunidade existentes. Foi na vida ou mediante uma lista? Se foi na vida, é possível que, em momentos diferentes, foi havendo a compreensão e assimilação de um ou de outro tipo de mediunidade. Deve ter havido tantos pontos de ancoragem, que dificilmente você os esqueceu. Agora imagine se, ao invés de ter aprendido assim, você tivesse sido apresentado a uma listagem, contendo os diferentes tipos, sem nenhum outro esclarecimento. Deu para perceber a diferença?

Então, lembremo-nos sempre de que nem sempre o que nos parece mais fácil realmente o é. A boa aprendizagem é aquela que se faz mediante muitos pontos de ancoragem e que, portanto, exige maior envolvimento mental.

A ORGANIZAÇÃO DA APRENDIZAGEM

Geralmente, qualquer companheiro que chega à Casa Espírita dizendo que atua ou atuou no campo da educação desperta a atenção dos tarefeiros que trabalham nessa área, na instituição. Os que estão ligados à evangelização nos seus diferentes setores, ou à área dos estudos sabem que o fazer pedagógico tem desafios que, por vezes, só a boa vontade não resolve. É preciso certo conhecimento técnico.

Sabemos que há grupos que não conseguem, sequer, reconhecer quais são seus problemas pedagógicos. Nessa hora é comum a ocorrência de duas saídas: ou se procura algo pronto, ou o enquadramento que se dá para o problema fica fora de foco.

Vamos procurar ser mais claros. Qualquer grupo de aprendizes contém, inicialmente, pessoas de várias idades, pertencentes a vários segmentos sociais e econômicos, com diversos níveis de escolaridade, de conhecimento doutrinário etc. Há uma série de tarefas iniciais na organização dos grupos a exigir conhecimento específico, pautado nas ciências auxiliares da pedagogia.

Ultrapassando essa fase inicial, é necessário que se conheçam os fundamentos mínimos do processo de ensinar. Afinal, ao lado do amor e do conhecimento doutrinário, esse é o saber específico requerido de quem está em uma tarefa pedagógica.

A questão do nivelamento

Dentre os problemas pedagógicos enfrentados por quem está incumbido da organização de turmas, quer no ensino formal, quer no centro espírita (no ESDE, no estudo da mediunidade ou na evangelização), destaca-se o do nivelamento.

Há dados da teoria sócio-histórica, à qual nos referimos ao apresentar Lev Vygotsky, que oferecem uma boa fundamentação para esta questão. Também nas neurociências encontramos fundamentos que podem elucidá-la.

Vygotsky e seus colaboradores observaram que todas as vezes que o professor aplicava testes nos estudantes na tentativa de nivelá-los, visando a formação de turmas mais homogêneas, algum tempo depois, em novo teste, o grupo que estava inicialmente nivelado já apresentava desnível.

Notaram, ainda, um fato curioso: certos alunos pareciam que precisavam apenas de um "empurrãozinho" para avançar, enquanto outros, com toda a ajuda possível, não saíam do lugar.

De fato, esse é um fenômeno facilmente observado por quem trabalha com crianças. Aquilo que elas aparentemente não conseguem resolver sozinhas, o fazem na presença de um adulto. Isso é particularmente verdade quando esse adulto a incentiva a pensar, fazendo perguntas que a levem a encontrar as respostas por si mesmas.

Essa ocorrência, no entanto, não acontece quando a criança está diante de conteúdos muito acima do seu nível de compreensão. Aqueles teóricos notaram que há algo como uma faixa ou zona de aprendizagem na qual a criança entra e que permite que ela avance quando recebe ajuda. Deram-lhe, então, um nome bastante apropriado: Zona de Desenvolvimento Proximal.[16]

Estudos posteriores evidenciaram que não somente o adulto pode - e deve - ajudar os aprendizes a avançar, mas também os próprios colegas[17]. Observou-se que em turmas nas quais determinados estudantes estão, em alguns assuntos, mais avançados do que outros, os mais atrasados melhoram o desempenho quando trabalham junto aos que já dominam mais o assunto. Corroboraram, assim, os estudos anteriores nessa linha. Demonstraram que certo desnível entre os componentes de uma turma é desejável, desde que se saiba tirar partido disso.

Há um magnífico exemplo que ratifica essa opção pelo grupo heterogêneo: a Escola da Ponte, em

[16] Hoje, à luz das neurociências, podemos conjecturar que os neurônios relacionados aos processos de aprendizagem que ocorrem nessa zona talvez sejam aqueles que estão sendo mielinizados, isto é, estão tendo seus axônios revestidos pela bainha de mielina, uma substância química que melhora muitíssimo o seu desempenho.

[17] Este estudo foi realizado por moderno pesquisador da teoria sócio-histórica, Jaan Valsiner.

Portugal[18]. Escola completamente diferente das tradicionais, lá os alunos são agrupados por interesse. Todo o ensino é feito em torno de projetos e as configurações das turmas mudam em função desses. O aproveitamento é excelente. Nessas turmas, trabalha-se com satisfação. Os alunos ajudam-se mutuamente, independente da idade. Como estão integrados entre si e envolvidos com a tarefa, os problemas disciplinares praticamente inexistem.

À luz dessas contribuições, advindas tanto da teoria quanto da prática, podemos afirmar que qualquer nivelamento por competência cognitiva é improdutivo e que se pode tirar bom proveito de turmas heterogêneas.

Particularmente, em relação à evangelização infantojuvenil, deveríamos fazer uso de tais informações, eliminando, assim, certas práticas que não somente as contradizem como também se mostram em franca oposição ao que o Mestre Jesus pregava. Estamos falando da organização de turmas a partir do grau de escolaridade ou do nível socioeconômico (sabemos que raramente se assume ser esse o critério. Em geral, o grupo é dividido entre os "assistidos" e os "filhos dos tarefeiros"). Temos testemunhado mudanças em muitos grupos que usavam um desses critérios por questões de ordem prática e que hoje percebem o quanto ganham ambos os grupos com a heterogeneidade. Os evangelizandos com menor escolaridade se valem da ajuda dos que estão mais adiantados, o que lhes dá a oportunidade de colocar em

[18] Estamos nos referindo à Escola da Ponte, em Portugal, retratada por Rubem Alves.

prática a lição da humildade, enquanto aqueles, os mais adiantados, exercitam a caridade.

Já em relação à situação socioeconômica, os mais favorecidos são os que mais ganham. Nesse contato, eles têm a oportunidade de perceber a dureza da vida daqueles que sofrem privações, de reconhecer o quanto são bem aquinhoados nessa existência, de trabalhar o egoísmo, praticar a solidariedade e desenvolver outras tantas atitudes positivas. Os mais pobres também podem, nessa troca, aprender certos comportamentos diferentes. Podem, igualmente, ampliar o conhecimento com troca de informações acerca de coisas ou situações às quais não têm acesso direto, como por exemplo, programas de informática, uso de equipamentos eletrônicos e lugares visitados.

Mas é inegável que a interação é proveitosa para todos. Um tem sempre o que aprender com o outro, independente de qualquer fator. "...os Espíritos devem concorrer para o progresso recíproco".[19]

A condição de vida hoje, no planeta, impele-nos para a interação. Diz Edgar Morin, um pensador francês da atualidade:

> A educação do futuro deverá ser o ensino primeiro e universal, centrado na condição humana. Estamos na era planetária; uma aventura comum conduz os seres humanos, onde quer que se encontrem. Estes devem reconhecer-se em sua humani-

---

[19] *"O Livro dos Espíritos"*, questão 208.

> dade comum e ao mesmo tempo reconhecer a diversidade cultural inerente a tudo que é humano.[20]

É importante registrar que aquilo que os modernos homens das ciências sociais afirmam a respeito da educação do futuro, já vem se constituindo, há mais de um século e meio, em pontos-chaves da Doutrina Espírita, quais sejam, o princípio da solidariedade, o respeito às diferenças, a lei de sociedade.

E muito antes de todos eles, o nosso exemplo maior, o Mestre Jesus, já exemplificava a questão da igualdade. Ia e mandava ir a toda parte; relacionava-se com homens e mulheres de todas as condições morais e sociais; e reuniu no seu colégio apostólico homens de diferentes matizes.

Estimulemos, pois, a formação de grupos heterogêneos, desde que guardadas as exigências mínimas de interesses e condições de aprendizagem.

Conteúdos na justa medida

Outra questão que é fonte de inquietação para quem ensina é saber *que* e *quanto* conteúdo deve dar em cada encontro. O suporte teórico que estamos apresentando traz uma excelente contribuição a esse respeito. Tomemos o caso a seguir, ocorrido com uma turma de evangelização de crianças de idade abaixo de sete anos.

O tema do encontro era a prece. A evangelizadora explicara que nós podemos falar com Deus e que,

---

[20] MORIN, Edgar. *Os sete saberes necessários à educação do futuro*, p. 47.

para isso, bastava n'Ele pensar e começar a falar como se estivesse usando um telefone. Depois, solicitara que eles desenhassem o que haviam aprendido. Resultado: várias crianças desenharam um telefone celular com a figura de um homenzinho lá dentro. Era Deus. A representação não poderia ter sido mais palpável. A conexão entre Ele e a prece fora feita mediante um elemento concreto: o telefone.

Em outro exemplo, a evangelizadora, para transmitir à turma a ideia de Deus, pegou dois copos de vidro, encheu-os de água e, em um deles, colocou açúcar e mexeu até que ficasse totalmente dissolvido. Depois, pediu aos evangelizandos que comparassem os copos. Afirmando que o açúcar permanecia em um deles, embora ninguém o visse, fez-lhes ver que o mesmo acontece em relação a Deus. Ele existe, mas ninguém O vê. Posteriormente, quando perguntou às crianças o que sabiam sobre Deus, uma delas lhe respondeu: "Deus é quando a água fica doce." A resposta foi elaborada em função do que foi visto e não da extrapolação mental que a evangelizadora desejava que elas fizessem.

A lição a ser tirada desses episódios é que precisamos respeitar os níveis do desenvolvimento da criança, compatibilizando-os com os conteúdos programáticos.

Um equívoco muito comum na prática pedagógica da evangelização é tentar introduzir conteúdos muito acima da capacidade de compreensão da criança, mediante o uso de recursos infantis: textos com referência a animais, palavras no diminutivo, desenhos de bichinhos, brinquedos etc. Tudo isso é inútil se o cérebro não está pronto para compreender o que se pretende ensinar.

Vejamos um exemplo fictício, na ilustração que se segue. De nada adianta a figura de um bichinho, nem tampouco o linguajar no diminutivo, se o conteúdo está completamente fora do alcance da criança.

E o coelhinho, então, explicou para o irmãozinho:
— Nós somos seres espirituais dotados de livre-arbítrio. Nossos destinos não são predeterminados.
— Obrigado, maninho, agora eu entendi.

Que fazer, então? Explicar os termos que estão acima do nível de compreensão e manter a história? Não! São a figura e o linguajar que estão fora do contexto. Esse não é um tema infantil. O que precisa ser descartado é o livro. Ele é que se mostra inadequado para crianças.

O mesmo se pode dizer com referência a certas músicas.

É comum, nas nossas oficinas, trabalharmos com músicas destinadas ao público infantil. Dentre os compositores que selecionamos, há um que compõe belas canções para crianças, cujas letras as incentivam a ter um comportamento mais ético, a vencer suas dificuldades emocionais e a serem mais solidárias. Há, entretanto, uma determinada música da sua autoria que, na nossa opinião, exige um entendimento que parece estar acima do apresentado pelo público a que se destina. Trata-se de "A timidez" cuja letra diz assim: "Periquito, papagaio, canarinho, sabiá / canta curió, canta curió (bis) / Deixe a timidez de lado e vem cantar com a gente agora / Pois a *passarada* despertou a garotada / pra cantar bonito nessa manhã ensolarada. / Não fique de fora, pois com você / nossa *cantoria* fica bem melhor / um *chorinho* carinhoso / e um abraço em *sol maior*."

Há quatro palavras/expressões que destacamos para análise: *passarada, cantoria, chorinho* e *sol maior*. As duas primeiras, embora não sendo do vocabulário infantil, podem perfeitamente ser deduzidas, uma vez que a letra prepara as conexões para tal.

Quanto às outras duas, há um problema real. A palavra *chorinho* aparece na expressão "um chorinho carinhoso", querendo significar o gênero da música; e a última, está presente no verso "um abraço em sol maior", ou seja, no tom de sol maior. Não há, porém, no cérebro infantil (com exceção das muito versadas em teoria musical) nada que possa permitir à criança ancorar corretamente esses dois últimos conceitos: chorinho e sol maior. No entanto, a ancoragem se fará em outros pontos. Afinal, ela "sabe" o que é um chorinho e um sol maior, saber que se revela no gesto de enxugar uma lágrima e de abrir os braços para indicar o tamanho do sol.

O que é mais comprometedor nesse tipo de atividade é a profunda incongruência que há entre o significado real e o que a criança está pensando. Não há, no caso dessa música, nada que a faça compreender como entra o "chorinho" nesta letra na qual tudo remete à alegria. Estabelece-se assim a confusão. E o que é pior: muitas vezes ela sai com essas informações errôneas sem que tenha tido oportunidade de corrigi-las. No presente caso, dificilmente ela perguntaria o que queria dizer cada uma dessas palavras. Ela simplesmente acharia que as conhece, permitindo, assim, que se instalasse a confusão. Conclusão: a plena compreensão não é alcançada. Isso, no entanto, não impede que quem ensina ache que todos aprenderam muito bem. Afinal, ninguém reclamou.

Para evitar a ocorrência de situações como essa é que aquele que ensina deve estar sempre interagindo com o aprendiz. Os exemplos que trouxemos referem-se a crianças, mas tudo o que foi abordado em relação a essa questão aplica-se também aos adultos.

Alguém tem dúvida que haja inúmeros frequentadores de reuniões doutrinárias espíritas que saem das palestras tendo feito leituras equivocadas do que foi dito, pelo simples fato de dar uma conotação própria a palavras que têm outra conotação? Para quem desconhece o sentido com que são empregadas, certas palavras podem remeter o ouvinte para os caminhos bem distantes do seu verdadeiro rumo, o que é uma pena. A Doutrina Espírita é tão rica de ensinamentos e nós tão necessitados de entendê-la que sua forma de transmissão deveria ser sempre clara e precisa, tal como nos foi legada por Kardec.

Há, naturalmente, aqueles que, ao longo de uma palestra, vão conseguindo encontrar o significado das palavras que não entendem, à medida que o palestrante vai apresentando sinônimos, vai dando exemplos, vai, enfim, elucidando o conceito desconhecido.

Atividade compartilhada

O tema da colaboração se faz amplamente presente

na codificação espírita e nenhum de nós deveria ter dúvida de sua contribuição para a aprendizagem.

> "Todos devem concorrer para o progresso auxiliando-se mutuamente" (*O Livro dos Espíritos*, questão 767); "...permitiu, porém que os espíritos em graus diferentes de desenvolvimento estivessem em contato, para que os mais adiantados pudessem auxiliar o progresso dos mais atrasados." (idem, questão 805)

Talvez por isso e pelas práticas vivenciadas na própria educação, muitos dos que estão à frente de turmas de estudo nas casas espíritas realizam atividades envolvendo duas ou mais pessoas.

O que talvez, poucos saibam é que existem estudos muito sérios que embasam essa forma de trabalhar, conhecida por trabalho em grupo ou atividade compartilhada. Nós aqui vamos usar essa segunda expressão porque, nos estudos que enfocaremos a seguir, o trabalho é realizado apenas por duplas.

Continuando na linha proposta, vamos nos valer de Vygotsky e seus continuadores para melhor entender *como* e *por que* devemos trabalhar dessa forma.

Como já vimos, tudo começa com a interação social. Ela é o ponto de partida para o desenvolvimento do pensamento e da aprendizagem. Nos escritos de Vygotsky, essa interação se traduzia numa relação estrita entre a criança e o adulto. No entanto, pesquisadores interessados em explorar as suas ideias passaram a ampliá-la de forma a envolver também o estudo da atividade que se faz entre pares, a chamada atividade compartilhada. Hoje é uma área em franca expansão.[21]

Ficou comprovado, por exemplo, em uma pesquisa realizada por duas psicólogas norte-americanas,[22] que o fato de um estudante desempenhar o papel de tutor junto a outro, melhorava, em muito, o nível de aprendizagem do primeiro. Funcionava assim: o professor atuava diretamente com um aluno a quem era proposta a realização de uma tarefa. Esse, posteriormente, teria que repetir com o colega o que o professor fizera com ele. O papel do professor consistia, sobretudo, em fazer perguntas. À medida que o aluno ia encontrando as respostas, compreendia a lógica da tarefa. Como consequência, ia se libertando da direção do professor, tornando-se apto para o tutoramento de colegas.

Ao assumir o papel de tutor, o aluno se limitava, a princípio, a determinar os passos a serem seguidos e nada mais. Com o tempo, porém, passava a ter com o colega uma atitude mais semelhante à que o professor tivera com ele.

Nessa e em outras investigações semelhantes, aquelas pesquisadoras constataram que o fato de ter que expressar o que está pensando para outras pessoas ajuda o aprendiz a organizar o seu próprio pensamento. Isto é, verifica-se um aumento no grau de articulação e de precisão na verbalização da tarefa quando ele tem que passá-la para os colegas. O motivo para essa mudança é

---

21 Há vários estudos do pesquisador russo Vitaly Rubtsov a esse respeito, nas décadas de 1980 e 90. O outro pesquisador citado é o norte-americano Geoffrey Saxe.

22 Foram elas Ellice Forman e Courtney Cazden.

óbvia: para explicar algo para o outro, é necessário, primeiro, articular internamente as próprias ideias.

Na vida escolar é fácil perceber a ocorrência de situações semelhantes a essa. Alunos que estudam em grupo e que têm a oportunidade de explicar para os colegas aquilo que ainda não compreenderam, acabam dominando o conteúdo. Quem ensina é o primeiro a aprender (aliás, "*O Livro dos Médiuns*", de Kardec, ao abordar a questão da mensagem mediúnica, afirma que a primeira pessoa que deveria aprender as lições emanadas pelo espírito comunicante deveria ser o próprio médium).

Em outra pesquisa, envolvendo pares de alunos da 7ª série (média de 13 anos de idade, tendo por tarefa a resolução de problemas), foi observado um fenômeno interessante: na situação de colaboração mútua, na qual cada aluno ocupava, em diferentes momentos, o papel de aluno e de professor[23], ambos tinham grande probabilidade de saírem ganhando. A questão está em se formar duplas relativamente niveladas, e na capacidade daquele que está no papel de "professor" saber fazer as pontes corretas com o conhecimento que o outro já traz.

Essa técnica tem tudo para funcionar bem quando os participantes têm um bom conhecimento do contexto em que vivem. Quantas vezes nós, que ensinamos, nos surpreendemos em ver alguém trazer um exemplo para a turma que é imediatamente compreendido por todos, mas que jamais nos ocorrera, por simples desconheci-

[23] Trata-se de um estudo de Ellice Forman publicado em 1989.

mento da realidade dos aprendizes?

O trabalho pedagógico, feito sob a forma de ação compartilhada, é um verdadeiro canal de transmissão cultural. O aprendiz, nessa forma de organização, tem a oportunidade de expressar certas lógicas, certos raciocínios e certas formas de abordagem de problemas que são trazidos do seu meio sociocultural que são, por vezes, ignorados por quem ensina ou, até mesmo, por outros colegas que não compartilham do mesmo meio. Um exemplo inesquecível de uma situação como essa aconteceu em uma aula de evangelização na qual surgiu uma questão relacionada a hábitos de higiene. Em um trabalho em grupo, ao se questionar a frase "pode ser pobre, mas tem que andar limpinho", uma jovem moradora em uma favela, deu um depoimento para o seu grupo que acabou sendo compartilhado por toda a turma. Falou que no local onde morava não havia água encanada e que a única forma de abastecimento era uma biquinha, ao pé do morro, que recebia água duas vezes por semana, no horário em que os adultos estavam trabalhando. Restava às crianças a tarefa de recolher a água em latas e transportá-las morro acima. Essa água mal dava para beber e cozinhar. "Então - perguntava ela - numa situação dessas, como cuidar bem da higiene pessoal? Como manter as roupas limpinhas"? Não bastou muito para que todos aprendessem a lição.

Quer nos parecer que poderíamos explorar mais, na Casa Espírita, essas duas formas de trabalhar - o tutoramento e o revezamento nos papéis de professor e aluno - desde que se cuidasse de variar sempre os papéis, isto é, que se desse a todos a chance de assumirem o papel de tutor ou professor. Penso, particularmente, no ESDE e na Mocidade, que seriam excelentes campos para a adoção dessa prática.

Também, na evangelização de crianças, há um ganho extraordinário nessa prática: ajuda aquelas que são muito centradas em si mesmas a serem mais colaboradoras. Diz, com muito acerto o professor Ney Lobo: "A escola espírita não pode ignorar nem desprezar esse verdadeiro princípio organizador da solidariedade e da fraternidade que é a cooperação, pela concretização e objetivação delas, em nível pedagógico."[24]

A propósito desse educador espírita, no seu livro *Prática da Escola Espírita - a Escola que Educa* há um roteiro de um processo de aprendizagem realizada em uma cidade universitária no além. Lá, segundo afirma o autor, a relação teoria e prática é bem estabelecida mediante experimentações dos conteúdos morais aprendidos, seguida, ainda, de dois outros momentos: a cooperação e a individuação. Por se tratar de espíritos que falharam gravemente em encarnações anteriores, eles são levados a discutir, em pequenos grupos, suas histórias passadas e a conhecer mais profundamente a si mesmos, como forma de autoaperfeiçoamento.

Cuidados nos trabalhos em grupo

Mas há, nos trabalhos em grupo, certas peculiarida-

---

[24] Esta citação encontra-se na obra "*Filosofia Espírita da Educação e suas consequências pedagógicas e administrativas*", vol. 4, p. 93 do referido autor.

des que gostaríamos de discutir. Resultados de pesquisa[25] mostraram que há diferentes níveis de participação nesse tipo de trabalho.

No nível mais elementar, as crianças têm como única preocupação cumprir a sua parte na tarefa. Desse jeito, impede-se toda possibilidade de colaboração. Dependendo dos seus interesses, pode haver conflitos. Todos nós já testemunhamos, nessa fase, crianças brigando por causa de um hidrocor ou de uma borracha.

No nível intermediário elas já tentam ajudar o outro, enquanto faz a sua parte na tarefa. Percebe-se isso com clareza nos encontros da evangelização, quando as crianças já descobriram que "dar uma mãozinha ao colega" pode significar "receber uma mãozinha" mais adiante. Mesmo agindo por interesse, há nessa ação o gérmen da bondade.

E no nível mais elevado, a colaboração passa a ser o objetivo da própria tarefa. Assim, a regra passa a ser um por todos e todos por um. Todos se ajudam entre si. Vemos, com frequência, isso ocorrer nas campanhas e atividades artísticas envolvendo os jovens da mocidade.

Em termos cognitivos, esse caminho significa sair do estado autocentrado, típico do primeiro nível, para um estado de descentração total, com consequente desenvolvimento mental. A troca que se faz entre as pessoas favorece o surgimento de novas ideias que passam a ser exploradas por todos. A criança vai aprendendo cada vez melhor à medida que se habitua com essa metodologia.

---

25 Refere-se ao pesquisador russo, já citado, Vitaly Rubtsov.

Mas são em termos espirituais que se verificam os maiores resultados. A atividade compartilhada nos ajuda a vencer os egoísmos, transformando-nos em pessoas mais solidárias.

Queremos aqui, fazer um parênteses para chamar a atenção para uma descoberta interessante feita por pesquisadores que se dedicaram a essa área. Colocando duplas de crianças/jovens, de idade entre oito e quatorze anos, para realizar cooperativamente uma determinada atividade motora, ficou constatado que quando elas não conseguiam realizar satisfatoriamente a tarefa, começavam a se culpar mutuamente. Quando tudo ia bem, ocorria o contrário, ou seja, aumentava o envolvimento de cada um na busca da solução. Mesmo quando algo não saía muito bem, havia uma tendência para continuar nessa busca.

Culpar-se mutuamente. Quem já não assistiu a cenas em que crianças se exaltam por desentendimentos e entram num jogo sem fim de acusações? Na pesquisa em questão, o fator desencadeante foi o insucesso. Mas quando tudo andou direito o que se verificou foi um envolvimento cada vez maior na tarefa.

A partir dos resultados positivos da referida pesquisa, isto é, do que ocorre quando se obtém êxito, estamos convencidos de que vale a pena assessorar os educandos na realização das tarefas propostas, favorecendo o sucesso. Mas é preciso ter cuidado: não se trata de fazer por eles, mas sim de ajudá-los com perguntas, mostrando seus erros e incentivando-os a prosseguir.

Pelo menos no que diz respeito à aprendizagem escolar, pesquisadores desse campo de estudo concluíram que o sucesso da aprendizagem depende, em grande parte, da possibilidade de se levar os alunos a realizarem atividades compartilhadas[26]. Chamam a atenção, porém, para o fato de que existem grandes diferenças entre as diversas formas de se organizar esse tipo de atividade.

Para aqueles que desejam se utilizar dessa técnica, esses pesquisadores recomendam cuidado com os quatro fatores que tornam as atividades compartilhadas mais eficazes. São eles:

- a escolha de um tipo de atividade que permita a todos participarem individualmente de forma coordenada;
- a divisão das tarefas entre os parceiros, fazendo rodízio entre os papéis desempenhados (por exemplo: aquele que coordenou o grupo em um dia será o relator, em outro);
- o aparecimento de uma situação de conflito provocando uma necessidade de reconstrução da interação habitual;
- a apresentação desse trabalho sob a forma de atividade lúdica.

O que se depreende de todos esses estudos é que a atividade compartilhada ou em grupo, ativa o desenvolvimento intelectual e favorece a aquisição de conhecimento. E, do ponto de vista espiritual, ajuda a consolidar atitudes de solidariedade. No entanto, não é qual-

[26] Trata-se da pesquisadora russa Irene Rivina.

quer tipo de situação interpessoal que permite que esse desenvolvimento se dê.

Brincadeira é coisa séria

Observando trabalhos de educadores espíritas bem sucedidos vemos sempre um elemento presente nas suas atividades: a brincadeira. Talvez, intuitivamente, eles a incluem no planejamento dos seus encontros com as crianças sem saber que há numerosos estudos que comprovam o potencial da atividade lúdica para o desenvolvimento infantil.

Toda criança brinca, como essa do caso a seguir:

Na casa da avó estavam todos concentrados assistindo ao futebol na televisão. Em um canto da sala, o netinho que ainda não fez três anos começa a cantar refrão "Ó, ó, ó, a casa da vovó!" enquanto marca o ritmo batendo com dois pinos de boliche. Em pouco tempo todos os adultos já estão com seus pinos nas mãos - pinos trazidos por ele - e são incentivados a acompanhá-lo no refrão. Quando percebe que todos entenderam a brincadeira, passa, então, a alterar o ritmo, cantando ora depressa, ora devagar. Não há como resistir ...

Cenas como essa permeiam o dia a dia das famílias nas quais há crianças. Tudo para elas se transforma em brincadeira.

Nós, adultos e educadores, deveríamos saber um pouco mais a respeito da importância desse tipo de atividade para o desenvolvimento da criança.

A princípio, os objetos a atraem e a convidam a mexer neles. Se a criança está no colo e a mãe tem um broche na roupa, aquilo está ali para ser tocado, explorado. A colher que está na mesa existe para ser batida, mordida e provavelmente jogada longe para que ela possa ver o que acontece quando cai. A escada existe para se subir e descer, as portas para serem abertas e fechadas etc. Aí está o gérmen do jogo (em termos psicológicos, qualquer atividade lúdica é chamada de jogo ou brinquedo).

Mas é na fase pré-escolar que a brincadeira, como essa apresentada - o jogo com regras -, irá predominar.

Mesmo que nós não percebamos, toda brincadeira tem regras. No caso citado, a regra é: pegue os pinos, cante e marque o ritmo batendo um contra o outro, acelerando ou retardando as batidas, conforme eu for cantando.

Pense, você mesmo, em brincadeiras infantis bem comuns e verifique. A regra é intrínseca ao próprio jogo. Por exemplo: brincar de casinha. Quais são as regras? Para começar, é preciso definir os papéis. Depois, escolher o cenário, em seguida, as "filhas", representadas pelas bonecas etc. No caso dos meninos, se a brincadeira é de bola de gude, a primeira decisão é saber se é "a vera" (para valer) ou não. O próprio revezamento faz parte das regras. A perda das bolas, também. Até quando um pai brinca de imitar bichos, por exemplo, há regras: você é o bicho que vem me pegar e eu finjo que estou com medo e saio correndo.

Há diferentes tipos de brincadeiras, mas nós vamos nos ater somente àquelas que são feitas coletivamente. Nessas, é comum haver situações ou papéis indesejados. Mas regra é regra: ou a criança as aceita ou está fora da brincadeira. Mas ela quer brincar porque isso lhe dá prazer. Então, terá que segurar o seu desejo de se negar a fazer o que não gosta para seguir as regras. Na brincadeira de casinha, ninguém quer ser a filha; na de pular corda, ninguém quer segurá-la; na de carniça, todos querem pular e não servir de montaria; no chute a gol, ninguém quer defender... Do ponto de vista do desenvolvimento moral, há, em todos esses jogos, um elemento valioso: a internalização e o acatamento das regras.

O desejo da criança é o de desempenhar o melhor papel. Aquele momento em que é obrigada a fazer o que não gosta para continuar brincando (e, sobretudo, para continuar sendo aceita pelo grupo) é extraordinário para o exercício do controle da vontade e da renúncia. Ali ela aprende a controlar as frustrações, algo muito importante no início da sua caminhada para a vida em sociedade.

É, também, a hora de colocar em prática o princípio da reciprocidade. Eu faço para o outro e o outro faz para mim. É assim que funciona. E então, sem que se aperceba, a criança vai saindo do egoísmo para o altruísmo, o que representa razão de sobra para utilizarmos a brincadeira nos nossos encontros pedagógicos.

Brincando a criança também se desenvolve intelectualmente. Isso ocorre, principalmente, nas brincadeiras que exijam que ela assuma papéis e viva, na imaginação, situações que estão aquém da sua idade. Por exemplo: ser a mãe, a professora, o guarda, o motorista do ônibus etc. Somente através da observação do comportamento desses personagens ela conseguirá imitá-los. Mas colocar-se no lugar do outro exige ir além do ponto onde se encontra. Representar o outro significa saber como ele agiria na situação proposta na brincadeira e isso é algo que vai além do seu próprio repertório. Ou seja, ao fazê-lo, está forçando o desenvolvimento intelectual e social para níveis mais elevados do que o real.

Também nos jogos com regras explícitas é possível se observar esse processo. Quando crianças de diferentes idades brincam juntas, as menores submetem-se às regras, esforçando-se por entendê-las. É claro que nem sempre conseguem se enquadrar no regulamento do jogo, sendo rechaçadas pelos demais. Mas elas continuam tentando e essa tentativa de jogar conforme as regras a faz avançar intelectualmente. Ilustra bem esse fato o vídeo game de corrida de automóveis, no qual cada criança assume o papel de piloto. A tendência inicial dos menores, ainda que já dominem os controles com os dedos, é de jogar ignorando as regras, causando reclamação dos maiores. O desejo, porém, de participar do jogo a leva a se concentrar no aprendizado das regras. Então, a melhora no seu desempenho é a comprovação do quanto foi capaz de avançar no plano cognitivo, ao mesmo tempo em que ensina para os maiores a lição da tolerância com o próximo.

Há, ainda, um terceiro aspecto muito importante no brinquedo: nele, é permitido errar e tentar corrigir. Uma das frases mais recorrentes da criança quando apanhada em falta é: "mas eu só estava brincando", frase que você certamente já disse e que agora ouve das crianças.

O bom da brincadeira é poder fazer de novo, tentando acertar ou fazer melhor. Emocionalmente, a criança se encontra livre para experimentar, sem correr o risco da crítica, da censura ou da coação. Folhas e mais folhas de papel são cobertas de desenhos, na tentativa de se chegar à melhor forma, montes de areia são feitos e refeitos na busca pelo melhor bolo ou castelo, dezenas de chutes são desferidos na busca do gol... Fazer e refazer. Eis a regra.

A criança, no entanto, não sabe nada disso. Quer brincar para se sentir feliz, o que nos faz lembrar Meimei, na "Oração da criança ao homem" psicografada por Chico Xavier: "Deste-me a liberdade. Ensina-me a ser livre, sendo feliz."

A organização do ambiente

Além de todos os aspectos abordados anteriormente, há ainda um de suma importância quando se trata da organização da aprendizagem: o espaço físico.

Cremos que certos exemplos falam por si mesmos. Vejamos um deles, o ocorrido recentemente e que foi registrado por uma evangelizadora.

O fato se passou em uma casa espírita que congrega uma evangelização infantojuvenil ativa e comunicativa, com cerca de 10 a 15 participantes, por turma. Trata-se de uma instituição que durante a semana desenvolve um trabalho social articulado com a comunidade e com órgãos municipais, e que tem uma ótima infraestrutura, incluindo salas de aula nos moldes tradicionais.

Aos sábados - dia em que ocorre a evangelização infantojuvenil - as salas são rearrumadas. Os evangelizadores jamais trabalham com as carteiras enfileiradas, como nas escolas tradicionais. Ora elas estão formando grupo de quatro, ora estão em forma de círculo ou semicírculo. Há, inclusive, evangelizadores que preferem trabalhar no chão, cujo piso de cerâmica branca se apresenta sempre muito limpo.

Habitualmente, cada turma ocupa uma sala. Em um determinado dia, porém, ocorreu um problema, ocasionando uma troca. A princípio, com a saída da turma da pré-mocidade para assistir um vídeo da internet no laboratório de informática da instituição, a sala permaneceria vazia, mantendo a arrumação habitual dos dias de semana, com as carteiras enfileiradas.

Um problema, porém, surgido na parede divisória da sala das crianças do segundo ciclo, obrigou a evangelizadora a transferi-las para outro lugar. Foi-lhe, então, sugerido que utilizasse aquela sala que ficara vazia.

Assim que chegaram, os seus meninos ocuparam imediatamente as carteiras do jeito que estavam: enfileiradas uma atrás da outra. Ao vê-los assim, ela pediu que fizessem um círculo. Eles, no entanto, preferiram continuar como estavam, chegando mesmo a argumentar que daquela forma a sala ficava mais arrumada. Esse era, segundo diziam, o motivo da preferência. Ela estranhou. Tratava-se de uma turma muito participativa e falante. Naquele dia, porém, mantivera-se espantosamente apática e silenciosa. Parecia outra turma. Depois de várias tentativas para que voltassem a ser como eram, a evangelizadora, mesmo contrariando-os, decidiu que era necessário voltar à formação habitual: em círculo. A partir de então, as crianças voltaram ao antigo comportamento. O caso foi levado para a reunião coletiva de avaliação que o grupo faz regularmente, sendo o tema alvo de rica discussão. Os evangelizadores concluíram que aquela arrumação parecia lhes transmitir mais ordem e segurança, embora dificultasse a participação.

Observamos nesse exemplo a força do condicionamento. Aquelas crianças estavam habituadas com a escola tradicional. Lá, o professor, muitas vezes, trabalha com turmas numerosíssimas, precisando do recurso do enfileiramento para aumentar o controle sobre os alunos, dificultando, assim, a desatenção e a conversa. Tudo indica que o fato de instigar a fala, ouvir depoimentos e permitir a livre expressão das ideias era visto, por aquelas crianças, como falta de controle da turma por parte da evangelizadora. O parâmetro era a escola.

Entretanto, qualquer organização de estudos na casa espírita afasta-se (ou deveria se afastar) dos moldes escolares tradicionais. O ideal seria que houvesse nas nossas instituições espíritas uma intensa interação, com a participação ativa da turma, em todas as situações (ESDE, evangelização infantojuvenil, cursos ou outros estudos), tal como o preconizado pela pedagogia moderna.

Portanto, no exemplo dado, a disposição das carteiras remeteu as crianças para o clima escolar, levando-as, provavelmente por condicionamento, a se manterem distantes do comportamento usual nos encontros da evangelização.

Esse caso nos fez lembrar outro, ocorrido há alguns anos, quando tivemos a oportunidade de conversar com uma antiga companheira, presidente de uma casa espírita. — "Fale-nos sobre o trabalho com as crianças", pedimos. — "Eles são tão quietinhos", — respondeu-nos. "Ficam o tempo todo sentados, caladinhos. As evangelizadoras preparam as aulas conforme as orientações da FEB, se esforçam... Eu achava que estava tudo indo tão bem... Mas, no ano passado, já próximo ao encerramento, quando resolvi fazer uma avaliação, percebi que eles não sabiam nada. Perguntava: o que é fé? Quais são as três revelações? O que é perispírito?... E nada! Eles não tinham aprendido nada".

Há, de fato, a falsa ideia de que turma boa - independente da idade - é aquela em que todos ficam quietinhos, parados, ouvindo o "mestre" falar. Toda a nossa argumentação em torno da construção do conhecimento nos mostra, no entanto, a importância da participação ativa dos aprendizes. Aprendizagem é troca e nessa troca aprendem todos, inclusive quem ensina.

Retomando o exemplo dado, há ainda uma reflexão que merece ser feita. Será que perguntar o conteúdo aprendido é a melhor forma de se avaliar um ensinamento que tem por objetivo a transformação moral da pessoa? A esse respeito temos nos posicionado a favor de outro tipo de avaliação. Sugerimos que se procure saber que mudanças estão sendo feitas nas atitudes, nos sentimentos e nos comportamentos dos aprendizes a partir do conteúdo trabalhado. Esses são, a nosso ver, indicadores muito mais reveladores do que a simples memorização dos ensinamentos.

Ideias criativas em torno do espaço físico

Além dessa questão da disposição dos participantes na sala, há outros aspectos que merecem destaque, a começar pela própria existência das salas. Sabemos que há grupos que contam com extrema dificuldade de espaço físico para o desenvolvimento das atividades educativas. Nesses casos, sugerimos espaços alternativos, adaptados com recursos de baixo custo. Um deles é o uso de bancos coletivos e de mesa com cavaletes. Essas podem ser desmontadas, oportunizando arranjos variados no espaço. Outra sugestão que funciona muito bem com crianças pequenas é qualquer forração que possa ser guardada dobrada ou enrolada (carpetes, colchonetes usados e recobertos com capas novas, edredons etc.). A vantagem é poder ser estendido em espaços usualmente utilizados para outras finalidades e guardados depois dos encontros.

Há, ainda, um recurso muito interessante, do qual já nos utilizamos com grande sucesso: trabalhar em forma de rodízio. Houve um momento em que a instituição espírita onde colaborávamos oferecia apenas quatro espaços adequados para a evangelização, mas nós tínhamos cinco turmas. A das crianças bem pequenas e a da mocidade tinham salas próprias. As três restantes, não (primeiro, segundo e terceiro ciclo da infância). Para não ter que eliminar uma turma ou ter que deslocá-la para outro horário, tomamos a seguinte decisão: o espaço sob uma frondosa mangueira seria adaptado para servir aos nossos encontros. Foi então que surgiu a ideia do rodízio. Algumas mudanças precisaram ser feitas.

O ponto de partida foi a decisão de trabalharmos um mesmo tema durante três semanas. No primeiro, ele seria exposto de forma verbalizada (sala da narração). No segundo, mediante uma atividade concreta (sala da criatividade). E, no terceiro, sob a forma de uma expressão artística (sob a mangueira). Haveria um evangelizador responsável por cada uma dessas atividades (às vezes havia dois). A ideia era fazer com que aquelas três turmas percorressem, em forma de rodízio, aqueles três espaços.

O rodízio começava sempre pela sala de narração. Lá se contavam histórias sob um clima de rica interação com as crianças. O espaço continha colchonetes reaproveitados e almofadas, que eram guardados logo após nossos encontros.

Na semana seguinte, as crianças eram encaminhadas para a sala de criatividade, uma espécie de atelier, contendo todo o material necessário a atividades criativas. Com um mobiliário próprio (tudo muito rústico, com prateleiras feitas de tábuas reaproveitadas de construção, mesa com cavaletes e bancos toscos) e recursos adequados, embora modestos, ela oferecia possibilidades para a realização de trabalhos práticos, cujo principal objetivo era oferecer uma segunda linguagem para compreensão/fixação dos conceitos. Em geral, usávamos recursos das artes plásticas. Lá, as mesmas histórias eram exploradas por outra evangelizadora. Crianças e evangelizadora se uniam na tarefa de recontá-las. A principal preocupação, nesta etapa, era a de destacar os aspectos que deviam ser assimilados pelos evangelizandos.

Em seguida, era proposto algum tipo de atividade criativa em torno do tema dado. Realizando atividades individuais ou grupais, a evangelizadora tinha excelentes oportunidades para observar, orientar e procurar corrigir a conduta infantil. Era a evangelização na prática!

Finalmente, na terceira semana, sob a mangueira,

os evangelizandos tinham o ensejo de trabalhar novamente em torno do tema estudado, mediante uma atividade de cunho artístico: música (bandinha, canto, gravação de músicas), teatro, dramatização, jogral etc. Grupos eram destacados para compor músicas, escrever, ensaiar e encenar esquetes, fazer cenários. O ambiente, próximo à natureza, vibrava vida, contagiando a todos.

Com este exemplo queremos demonstrar que é possível evangelizar mesmo quando não temos as condições ideais.

Temos uma amiga que vem dedicando toda a sua vida à evangelização de crianças e adultos. Há alguns anos, atuando em uma casa espírita muito modesta, o único espaço de que dispunha para a sua turma de crianças era no vão debaixo da escada. Lugar de passagem, era difícil prender-lhes a atenção. Mas não desistia. Procurava, a cada novo encontro, fazê-lo mais criativo, mais dinâmico. Aos poucos, a turma já conseguia se desligar das pessoas que passavam. Mas, consciente de que o ideal seria ter um lugar próprio para aquela tarefa, orava ao Mestre Jesus: "Senhor, não permita que essa dificuldade seja um empecilho para que eu possa servi-lo. Não me deixe desanimar enquanto as melhores condições não chegam". E as condições mudaram. A casa se expandiu e seus meninos ganharam uma sala.[27] É preciso confiar. A tarefa é do Senhor Jesus.

Mesmo quando se conta com uma boa infraestrutu-

---

27 Essa amiga, Eridinéa Cardosa, a Néa, está, há alguns anos, à frente do Encontro da Família Espírita do Estado do Rio de Janeiro, que acontece anualmente durante os dias de carnaval.

ra é sempre muito interessante levar os evangelizandos a ter um contato maior com a natureza. Ela é uma mestra singular, oferecendo as mais variadas lições, inclusive as de cunho espiritual. Conta-nos André Luiz que, em "Nosso Lar", a ministra Veneranda mantinha "salões verdes", ornados dos mais belos recursos naturais, para o serviço da educação. E, no plano terreno, André Luiz deixa claro a importância das árvores ao relatar que Narcisa, valoroso espírito daquela colônia, retira das árvores terrenas o fluido necessário ao restabelecimento físico de um irmão necessitado. [28]

As paredes falam

Quem já teve a oportunidade de ser apresentado às dependências de uma casa espírita, quando a visita pela primeira vez, não teve dúvida ao reconhecer o espaço destinado à evangelização infantojuvenil, pois o próprio ambiente fala por si mesmo. Lá estão expostos nas paredes e nas prateleiras os trabalhos realizados pelos evangelizandos. Eles nos falam do que se vive e do que se aprende no seu interior.

Tornar visível a produção da turma é, do ponto de vista pedagógico, um dos destinos mais interessantes que se possa dar ao material confeccionado pelos evangelizandos, sobretudo aos mais jovens, uma vez que comprovam o que vêm aprendendo, atestam os seus avanços e conquistas, ajudando-os a elevar a au-

---

[28] Essas informações se encontram registradas nas páginas 175 e 279, respectivamente, de *Nosso Lar*.

toestima. A exposição funciona, além disso, como um elemento fixador da aprendizagem.

Por todas essas razões, nós deveríamos explorar mais os espaços para mostrar a produção da turma. Até mesmo quem a visita tem oportunidade de aprender com o exposto. Portanto, sugerimos que haja sempre murais, painéis, prateleiras, varais, ganchos no teto (ótimos para pendurar móbiles) e tudo o mais que permita a exposição do material produzido durante os encontros da evangelização. Não há melhor enfeite para o ambiente educacional do que aquele que é feito pelo próprio educando.

Há recursos que atuam como verdadeiros apoios motivacionais para a frequência aos encontros da evangelização, sobretudo com crianças pequenas ou com os que têm baixa a autoestima. Estamos falando de um tipo particular de chamada, feito sob a forma de um cartaz no qual constam, enfileirados, os nomes das crianças. Na frente de cada nome, a própria criança irá colando uma figura (de carrinhos ou barquinhos ou qualquer outro desenho que a turma ou ela própria escolha) a cada encontro em que estiver presente.

Nome	**Frequência aos encontros**				
Maria					
José					
João			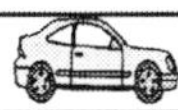		

Nota: Pode-se fazer uma anotação no quadradinho do dia em que faltou mas apresentou uma justificativa.

Esse cartaz pode ser substituído por qualquer outro que permita à criança saber e controlar a sua própria frequência. Gostamos muito de um que consiste em se fazer um cartaz com uma flor que irá se completando dia a dia. Começa com o miolo (com o nome da criança) e o cabo com uma folhinha. As pétalas vão sendo coladas à medida que a criança vem.

Outro recurso é fazer o cartaz da chamada com fotos no lugar dos nomes. Uma variante é fazer um cartaz com a foto de todos os que pertencem à turma e colar na porta da sala. Outra, ainda, como forma de fortalecer o sentimento de filiação ao grupo é fazer carteirinha com foto para cada participante (pode até ter a função de controle de frequência, mas essa não é a principal razão para a utilização do recurso).

O importante em todas essas sugestões é despertar e manter, no evangelizando, o sentimento de que o centro espírita e, em especial, o seu setor da evangelização, tem um lugar para ele; que ali é acolhido. Isso, entretanto, só é possível quando o próprio ambiente é evangelizador. O que se estuda é vivenciado nas trocas interpessoais. É o Evangelho colocado em prática.

Cantinho dos livros

Livro espírita é luz nas almas. É fundamental que as crianças, desde a mais tenra idade comecem a se familiarizar com os livros. Para isso, nada melhor do que já começar a dispor de cantinhos de leitura nas próprias salas da evangelização. O ideal, no entanto, é dispor na própria instituição, de uma biblioteca espírita infantojuvenil.

Conhecemos trabalhos excelentes nessa área. Alguns cantinhos de leitura se limitam a atuar como uma biblioteca comum, oferecendo o serviço de empréstimo de livros. Outros, mais criativos, oferecem oportunidade para que as crianças e jovens desenvolvam trabalhos sobre os livros lidos, quer reescrevendo-os, quer desenhando-os. Há quem escolha um autor por um período de tempo e estimule os leitores a montar pecinhas de teatro com uma de suas obras. Há, ainda, grupos que estimulam a criança e o jovem a escrever livros, individual ou coletivamente.

Vimos companheiros que organizaram um grupo de voluntários para ouvir as histórias contadas pelas crianças. Depois de cada encontro, eles se reuniam na biblioteca, sentavam-se em banquinhos próximos às crianças e ouviam-nas contarem a história que haviam lido (ou que alguém lera para elas) durante a semana. O interesse pela leitura contagiava todos os participantes.

Para facilitar a escolha, em muitas bibliotecas os livros costumam ter códigos em cores bem visíveis, segundo a faixa etária e sua colocação nas prateleiras. Essa arrumação favorece o manuseio das obras.

As bibliotecas espíritas infantojuvenis primam por serem espaços alegres, cheios de vida, com cestas de livros espalhadas pelos cantos, almofadas, gravuras ou painéis que estimulam a leitura, o cuidado com os livros e o compromisso com a devolução dos mesmos.

Com essas sugestões esperamos ter colaborado para tornar seu trabalho na casa espírita mais atrativo. Veja que em momento algum nos referimos a recursos caros ou a condições especiais. Quando há harmonia no ambiente e a presença dos amigos espirituais se faz sentir nos nossos corações, qualquer espaço se transforma em um campo ideal para semearmos as verdades espíritas e as luzes do evangelho de Jesus.

APRENDENDO A LIDAR COM AS DIFERENÇAS

A variedade das nossas inteligências

"Em cada nova existência o espírito toma como ponto de partida aquele em que se encontrava em sua existência anterior." (*O Livro dos Espíritos*, questão 218a).

Muito antes de Howard Gardner, psicólogo norte-americano, ter elaborado a Teoria das Inteligências Múltiplas[29], nós espíritas já sabíamos que somos muito diferentes uns dos outros pelo fato de trazermos diferentes bagagens de vidas passadas.

Se Mozart, aos cinco anos, já compunha minuetos para cravo, aos sete, árias e aos doze, sinfonias completas, demonstrando ter uma incrível inteligência musi-

[29] GARDNER, Howard. *Inteligências Múltiplas: a teoria na prática*. Porto Alegre: Artes Médicas, 1995.

cal, é porque, provavelmente, já havia adquirido essas habilidades em vidas pretéritas. O mesmo se pode conjecturar acerca de Pelé, que aos dez anos já jogava em um time infantojuvenil, cuja idade mínima exigida para dele participar era de treze anos, e se sagrou campeão mundial de futebol aos dezessete. Ao que tudo indica, sua habilidade extraordinária com os movimentos corporais, denotando desde cedo, um elevado nível de inteligência cinestésica, também deve ter sido herdada de outras vidas.

Nós mesmos, comparando-nos com os irmãos e colegas já havíamos deduzido que "uns dão mais para isso e outros para aquilo", corroborando o princípio reencarnacionista. Diz Herculano Pires, referindo-se à aparente fragilidade da criança: "temos que encarar o desenvolvimento infantil como um processo psicológico de afloramento, não só de disposições culturais, mas também de conteúdos", referindo-se, à "consciência subliminar que existem nas profundezas da memória espiritual" e que se manifestam sob a forma de tendências.[30]

A constatação dessas tendências que nos fazem tão diferentes uns dos outros levou Howard Gardner a elaborar a referida teoria, oferecendo-nos interessantes subsídios para melhor compreendermos como elas se manifestam.

Após anos de prática e de estudos na área da educação, ele concluiu que existem oito espectros de inteligências que comandam a mente humana. Com mui-

---

[30] PIRES, J. Herculano. *Pedagogia Espírita.* São Paulo: Edicel, 1986, p. 192.

ta propriedade mostra-nos que todos nós temos tipos diferentes de mente e por isso, pensamos e agimos diferentemente.

Assim sendo, sugere aos educadores que tentem compreender cada educando, buscando adaptar o ensino às suas peculiaridades. Em outras palavras: sua teoria aponta para a necessidade de se trabalhar as diferentes potencialidades dos alunos para a obtenção de melhores resultados na aprendizagem.

Eis os tipos de inteligência que ele destaca:

- *Inteligência linguística:* consiste na capacidade de pensar com palavras e de usar a linguagem para se expressar e avaliar significados complexos. Autores, poetas, jornalistas, palestrantes, advogados e locutores exibem graus elevados desse tipo de inteligência e a exploram bem.
- *Inteligência lógico-matemática*: possibilita calcular, quantificar, considerar proposições e hipóteses, bem como realizar operações matemáticas complexas. É muito encontrada em cientistas, matemáticos, contadores, engenheiros e programadores de computação.
- *Inteligência espacial*: instiga a capacidade para pensar de forma tridimensional, como fazem navegadores, pilotos, escultores, pintores e arquitetos. Permite à pessoa perceber as imagens externas e internas, recriá-las, transformá-las ou modificá-las, movimentar a si mesma e aos objetos através do espaço e produzir ou decodificar informações gráficas.

- *Inteligência cinestésico-corporal*: permite que a pessoa manipule objetos e domine habilidades físicas. É evidente em atletas, dançarinos, cirurgiões e artesãos.
- *Inteligência musical*: é bastante comum em indivíduos que possuem sensibilidade para a entoação, a melodia, o ritmo e o tom. Compositores, maestros, instrumentistas, críticos musicais, fabricantes de instrumentos e também ouvintes sensíveis costumam tê-la.
- *Inteligência interpessoal*: é a capacidade de compreender as outras pessoas e interagir efetivamente com elas. É evidente em professores bem sucedidos, assistentes sociais, atores ou políticos.
- *Inteligência intrapessoal*: refere-se à capacidade para construir uma percepção acurada de si mesmo e para usar esse conhecimento no planejamento e no direcionamento de sua vida. Alguns indivíduos com forte inteligência intrapessoal se tornam teólogos, psicólogos e filósofos.
- *Inteligência naturalística*: consiste em observar padrões na natureza, identificando e classificando objetos, compreendendo os sistemas naturais e aqueles criados pelo homem. Incluem-se entre os naturalistas qualificados fazendeiros, ecologistas, caçadores, botânicos e paisagistas.

Cada um de nós tem, provavelmente, alguma dessas inteligências de forma mais acentuada - são os nossos talentos desenvolvidos em existências anteriores - havendo a possibilidade de ter várias outras em menor intensidade. Essas podem, perfeitamente, ser estimuladas, vindo também a desabrochar.

Apenas por curiosidade, vale lembrar que Gardner ficou tentado a incluir uma nona inteligência na sua lista: a espiritual, mas depois de muitas análises e tentativas de substituí-la pela inteligência existencial, chegou à conclusão de que o tema é por demais complexo e comportaria muitas nuances. Desistiu. Em tom de brincadeira preferiu admitir que sua lista tem 8 ½ tipos de inteligência.[31]

Nossa preocupação em trazer essa contribuição da atual psicologia deve-se à necessidade que sentimos de buscar esclarecer o educador espírita quanto ao porquê de certos recursos didáticos, permitindo que ele se sinta mais seguro no momento de fazer suas opções sobre o "como fazer". É o que veremos a seguir.

As diferentes linguagens

Uma vez organizada a turma, selecionado o conteúdo, em função dos objetivos que se tem em vista, é hora de partir para a ação. Os livros de didática e as apostilas usualmente editadas pelos órgãos espíritas oferecem um rico manancial de técnicas e recursos.[32]

A primeira observação que fazemos é que nem toda técnica sugerida se mostra adequada à turma que se tem, mas isso é algo que a própria vida ensina. O que ela não ensina é o significado psicológico de se escolher

---

[31] GARDNER, Howard. *Inteligência: um conceito revisado.* Rio de Janeiro: Objetiva, 2000

[32] No final do livro apresentamos uma bibliografia a esse respeito.

essa ou aquela técnica. Para facilitar a compreensão do que estamos afirmando, comecemos com um exemplo.

A evangelizadora tem uma turma do 2º ciclo. Percebe que as crianças ainda se mostram muito egoístas. Traça, então, como objetivo dos próximos encontros favorecer o desenvolvimento da solidariedade nas crianças. Planeja começar passando para as crianças um trecho em DVD da vida do Mestre Jesus na qual ele faz a multiplicação dos pães e dos peixes. Passa e repassa a cena, pois é assim que as crianças gostam. Depois, faz um trabalho de exploração da temática, sempre objetivando a questão da solidariedade. Destaca detalhes. Faz perguntas. Envolve a todos no clima amoroso criado pela passagem evangélica.

Em um segundo momento, introduz uma historinha cujo personagem central é um pato muito solidário. A ação se passa numa floresta. Há uma família de esquilos que mora do outro lado do rio e que, durante uma enchente causada por uma chuva forte, se vê ameaçada pelas águas. Um pombo-correio que por ali passa traz a notícia. Imediatamente, o pato, com a ajuda do seu amigo hipopótamo, se mobiliza para retirar toda a família dos esquilos da área afetada, transportando-os para um lugar seguro.

Como sempre, durante a narrativa, o evangelizador vai questionando os evangelizandos, levando-os a participar intensamente da história. É a oportunidade que encontra para fazê-los refletir sobre os seus próprios comportamentos.

Na semana seguinte, começa perguntando sobre o encontro anterior. Induz o grupo a recontar as histórias ouvidas e propõe a encenação da história do pato. Para tal, sugere ao grupo começar pela feitura do cenário. Com uma folha de papel pardo bem grande colocada sobre o chão, vai rapidamente fazendo o esboço das árvores, do rio, da chuva e da casa dos esquilos. Depois, distribuindo lápis cera, pede a todos que escolham uma parte do desenho para completá-la, colorindo e acrescentando os elementos que eles gostariam de incluir no cenário. Quando fica pronto, ela pede a ajuda da turma para colá-lo na parede.

Prossegue perguntando se alguém gostaria de representar a história. Muitos se apresentam e a dramatização tem início. Com os papéis definidos, os personagens vão entrando em cena e a história é recontada. Em nova rodada, dá chance a outras crianças de também a representarem.

Fechando essa parte do encontro, a evangelizadora ressalta para a turma a excelência da montagem do cenário, realizado em tão pouco tempo e com um efeito tão bonito, fazendo-a ver que ele só foi possível porque houve muita solidariedade. Antes da prece de encerramento, convida a todos a cantarem juntos aquela música que diz que "fica sempre um pouco de perfume nas mãos que oferecem rosas".[33]

Como se vê, é uma atividade bastante simples, mas que faz uso de diferentes linguagens, contemplando di-

---

[33] "Fica sempre/ um pouco de perfume/ nas mãos que oferecem rosas/ nas mãos que sabem ser generosas. Dar um pouco que se tem/ a quem tem menos ainda/enriquece o doador/ faz sua alma ainda mais linda.
Dar ao pobre alegria/ parece coisa tão singela/ aos olhos de Deus, porém/ é das dádivas a mais bela." (autor desconhecido)

ferentes tipos de inteligência. Para aqueles que têm mais desenvolvida a inteligência linguística, o simples contar da história permite recriá-la na imaginação. Para os que têm o predomínio da inteligência espacial, o desenho do cenário ajudou na visualização, trazendo elementos mais concretos para o pensamento. Para os mais cinestésicos, a ajuda veio pelo ato de representar. E os mais musicais adoraram poder cantar a canção que fala da solidariedade.

Qualquer que seja a técnica escolhida para a transmissão do conhecimento, ela será feita com uma determinada linguagem. O importante é o educador perceber qual foi a linguagem empregada e saber a que tipo de inteligência ela privilegia. Uma vez identificada, sua preocupação deverá ser a de utilizar, em momentos posteriores, outras linguagens para atingir um maior número de mentes.

Em termos cognitivos, cada vez que apresentamos um mesmo assunto utilizando novas linguagens estamos ajudando o aprendiz a ampliar o seu grau de compreensão. Sempre haverá alguém se aproveitando melhor do tipo da linguagem escolhida.

Veja você mesmo, das técnicas a seguir, quais que favorecem a sua aprendizagem:

- Exposição oral / narrativas / leitura de livros, revistas, histórias em quadrinhos / jogral / poesia.
- Teatro / dramatização / dança / expressão corporal.
- Desenho / pintura / modelagem em barro / recorte / origami / maquetes.

- Canto / banda / coral.
- Desafios / quebra-cabeças / jogos inteligentes.
- Trabalho em grupo / campanhas sociais / visitas / divulgação, conversas.

Além desses recursos mais tradicionais, há, ainda, as novas linguagens provenientes das mídias eletrônicas. Não há como o evangelizador ou o dinamizador de estudos na casa espírita não estar atualizado com os modernos meios disponíveis nos dias atuais. Filmes e palestras em DVD são excelentes recursos para aclarar conceitos e despertar interesse. Além disso, há também os recursos da informática. Estamos caminhando para um momento em que todas as casas espíritas estarão fazendo uso dela. Temos tido notícia de trabalhos levados a efeito com pequenos grupos utilizando, por exemplo, vídeos de um canal específico da internet, o *You Tube*. Também os *sites* de relacionamento estão sendo um instrumento válido para criar uma maior interação entre envolvidos em determinadas atividades do grupo espírita, o mesmo ocorrendo com os *chats* informativos. E mais: em mãos de especialistas, até mesmo os joguinhos eletrônicos podem ser utilizados com fins doutrinários, desde que se filtre o conteúdo, isto é, que se selecionem aqueles que trabalham conceitos morais.

Mas, lembre-se de que qualquer opção por uma linguagem ou uma técnica didática implica a conscientização do que se está fazendo e a quem se pretende atingir. E há algo que não podemos nos esquecer: que estamos lidando com espíritos reencarnados. Afirma, o professor Ney Lobo, ser tão ampla a gama de graus evolutivos existentes entre os nossos educandos, que ficaríamos estarrecidos por termos aplicado "modelos educativos tão padronizados em educandos tão diferenciados, tão distantes em níveis morais e intelectuais". E acrescenta que nos sentiríamos como "um desapontado professor que é surpreendido ao tomar conhecimento de que estivera, sem o saber, a ensinar a uma classe frequentada, ao mesmo tempo, por doutores e por analfabetos."[34]

Alguns bons recursos

Por terem potencialmente um grande poder de suscitar a aprendizagem, queremos tecer comentários sobre alguns recursos disponíveis para quem ensina. Na medida do possível os enfocaremos sob o prisma psicológico.

- **Contar histórias**

É um recurso universal para crianças. Esopo escrevia fábulas para falar da moral. Quem não conhece a história da cigarra e da formiga? Sobretudo para as crianças menores, ouvir história é sempre fascinante. Tanto que, em casa, pedem para ser recontadas infinitas vezes, sem se cansarem.

Nós destacamos duas formas de abordagem das histórias. Uma, a clássica, com o educador fazendo o papel do narrador e dos personagens. A história é contada do princípio ao fim sem interrupções. Sua principal função é recrear. A outra tem um papel diferente: ela é ape-

---

[34] LOBO, Ney. *Filosofia Espírita da Educação e suas consequências pedagógicas e administrativas*. Rio de Janeiro: FEB, 1993, p. 201.

nas um pretexto para se passar um determinado ensinamento. Nesse caso, presta-se muito bem para ser usada na evangelização infantil. Tudo nela pode ser explorado com o objetivo de se conhecer melhor o universo do evangelizando: seus estados afetivos, suas emoções, sua realidade, seus comportamentos. A história pode - e deve - também ser utilizada para se verificar o nível de compreensão do assunto. Nós, por exemplo, ouvimos certa vez, durante uma historinha que falava em reencarnação, uma menina dizer que quem pratica o mal vai voltar como sapo. Ao expressar o seu pensamento, permitiu que houvesse a correção da ideia, pois sabemos que o espírito que atingiu o reino hominal somente irá reencarnar como ser humano, jamais como animal.

Atualmente, com a infinidade de recursos de que dispomos, é possível escanear as figuras, duplicá-las, ampliá-las, de forma a permitir que todos acompanhem a história venho suas ilustrações.

E as histórias com animais? Essa é uma pergunta que, com frequência, nos é apresentada. Do ponto de vista psicológico, são excelentes. Muita criança que tem bloqueio para falar de si mesma sente-se à vontade para falar dos sentimentos dos bichinhos. A transferência é facilmente alcançada. Quanto à crítica de que bicho não fala, bicho não reencarna etc., vale lembrar que toda história começa com o "Era uma vez...". Essa é a senha para levar a criança para o reino do faz-de-conta. Gerações e mais gerações cresceram ouvindo histórias de animais, sem maiores questionamentos.

Em um livro extraordinário - *"A psicanálise dos contos de fadas"* - Bruno Bettleheim traz, para o educador, um farto material sobre a importância das histórias de fadas para a criança, uma vez que representam, de forma imaginativa, aquilo em que consiste o desenvolvimento humano sadio com todas as suas facetas. Ali estão as lutas que a criança terá que travar na conquista da sua identidade e da sua autonomia; o bem e o mal; a perda e a conquista; a alegria e a dor. Enquanto a fábula apresenta de forma clara e direta uma lição de moral, os contos de fada tocam a criança de forma indireta. As narrativas apenas sugerem experiências necessárias para o desenvolvimento do seu caráter. Caberá a ela, em função das suas necessidades psicológicas, relembrar fatos, remoer decisões e buscar, na história, sentidos que possam trazer alívio aos seus conflitos interiores. "...a preocupação do conto de fadas não é uma informação útil sobre o mundo exterior, mas sobre os processos interiores que ocorrem num indivíduo. [...] eles deixam à fantasia da criança o modo de aplicar a ela mesma o que a estória revela sobre a vida e a natureza humana."[35]

Mas, atenção! Muito cuidado deve ser dispensado na escolha das histórias. É bom saber que poucas coisas agradam tanto a crianças e adolescentes como um desafio. Histórias que lhes instigam o pensamento, que aguçam sua curiosidade têm mais probabilidade de lhes agradar do que outras, às vezes muito poéticas e bem escritas, mas sem esses ingredientes.

A mente infantil avança sempre que é desafiada. E é próprio do ser humano sentir-se contente ao perceber

---

[35] Obra citada, p. 34.

que está superando seus próprios limites. Basta ver o quanto elas insistem em dominar determinada habilidade, pelo simples prazer de dizer: "Veja o que eu consegui fazer".

Outra característica interessante dos que ainda estão com a sua personalidade em formação é a tendência a se projetarem nas peripécias dos heróis e heroínas das histórias. Segundo Freud, e intensamente reforçado por Bettleheim, esse é um mecanismo de compensação. Pessoas que se autopercebem como carentes de determinadas qualidades podem, por meio desse mecanismo, tomar os ganhos e as vitórias desses personagens como seus.[36] Quando o autor da história infantojuvenil sabe explorar bem esse mecanismo, garante uma maior empatia com o leitor. Isso é válido para qualquer veículo, do livro à história em quadrinho; do desenho animado ao filme ou à peça de teatro.

Gostaria de destacar um aspecto presente nos contos de fadas, cuja interpretação é, às vezes, equivocada do ponto de vista psicológico: a questão do bem e do mal. É comum que, no decorrer da história, o mal vença, temporariamente, o bem. Essa situação, no entanto, se reverte no final, verificando-se a vitória do bem com a punição do malfeitor. Segundo Bettleheim, não é essa punição que faz dos contos de fadas uma experiência de educação moral, embora isto também se dê. No

---

[36] Isso ocorre, não somente em relação aos heróis ou heroínas, mas também em outras áreas, como por exemplo, no futebol. Vale lembrar que em lugar de dizer "Eu torço pelo Flamengo", muitas pessoas dizem *"Eu sou Flamengo"*. Quando o time ganha, a vitória é *dele*. Quando perde é *ele* quem sai derrotado.

seu entender, tanto nos contos de fadas, como na vida, o medo da punição é apenas um fator limitado de intimidação do crime.

> A convicção de que o crime não compensa é um meio de intimidação muito mais efetivo, e esta é a razão pela qual nas histórias de fadas a pessoa má sempre perde. Não é o fato de a virtude vencer no final que promove a moralidade, mas de o herói ser mais atraente para a criança, que se identifica com ele em todas as suas lutas. Devido a esta identificação a criança imagina que sofre com o herói suas provas e tribulações, e triunfa com ele quando a virtude sai vitoriosa. [37]

Conforme se observa, a ênfase é sobre a identificação. É nesse processo que a criança vai adquirindo os valores morais perpassados pela história.

Porque a criança tem essa característica de projetar-se nos personagens das histórias, nós deveríamos melhor explorá-la levando a figura do Mestre Jesus como seu maior referencial na vida. Dora Incontri[38] faz uma observação que resume bem o que pensamos:

> Se Jesus é o Pedagogo da humanidade, nosso dever é aproximá-lo desde cedo dos Espíritos que voltam ao mundo para continuar sua jornada

[37] Obra citada, p. 16.

[38] INCONTRI, Dora. *A Educação Segundo o Espiritismo.* São Paulo: FEESP, 1997, p. 105.

evolutiva. Ao impregnarmos o coração da criança com a personalidade sublime do Mestre de Nazaré, estaremos lhe entregando a maior chave de sintonia com o Alto, o caminho mais fácil e suave para o seu aperfeiçoamento.

• **Histórias em quadrinhos**

É um veículo familiar à criança, com forte apelo visual, de linguagem simples e acessível. Pode ser apresentada com cópia ampliada. Sua sequência simples, no qual a palavra se alia à figura, favorece a compreensão. Se for bem escolhida, poderá haver empatia da criança com os personagens.

• **Notícias de jornal**

São excelentes para debates com jovens e adultos. Podem ser escolhidas tanto as que dizem respeito a contextos familiares aos aprendizes quanto às que são completamente diferentes. As melhores são as que tocam a sensibilidade, favorecendo a reflexão. Às vezes, o educador não gosta muito das fotos dos jornais por não serem coloridas. Isso não tem a menor importância. O que mais conta é o impacto da notícia.

• **Desenho**

Levar o aprendiz a se expressar pelo desenho é uma excelente forma de auxiliá-lo a melhor compreender o que está sendo ensinado. Sempre que temos oportunidade, gostamos de registrar um trabalho que criamos utilizando o desenho. A turma era do terceiro ciclo e o assunto era a lei de causa e efeito. Tínhamos trabalhado com a história de Tintino, um velhinho que fora palhaço a vida inteira e que estava muito doente e sem abrigo. Tentou em vão encontrar alguém que o ajudasse. Sempre maltratado pelas pessoas que o confundiam com um vagabundo, ele acabou dormindo ao relento numa noite fria e chuvosa. Seu corpo fluídico se desprendeu durante o sono e ele pôde, então, viver uma aventura maravilhosa, que culminou com um encontro com Jesus. Na manhã seguinte, encontraram-no morto, mas com uma expressão de criança feliz estampada no rosto.

Esse conto foi o ponto de partida para que desenvolvêssemos dois conceitos: desdobramento e desencarne. Perguntamos, inicialmente, aos evangelizandos, como eles explicavam o fato de Tintino ter se desdobrado durante o sono. Como forma de concretização dos conceitos, propusemo-lhes que representassem, através de um desenho, como isso ocorreu. Todos desenharam, a seu modo, o palhacinho, que foi, em seguida, recortado. Esse desenho serviu de molde para um outro semelhante, feito em papel de seda. Era a representação do seu corpo perispiritual. Recontando a história com a ajuda da turma, foi-lhes pedido que representassem a ligação dos dois corpos, usando, para isso, um fio de látex preso por fita crepe.

Com cada criança tendo o material à mão, foi-lhes pedido que representassem, com gestos, o momento do desdobramento. Depois, com ajuda de tesoura, o pedido foi para que representassem o momento do desencarne. A tarefa prosseguiu com comentários adicionais sobre os dois conceitos e sobre o final do conto.

Esse processo de ensino e aprendizagem foi extremamente facilitado com a ajuda do desenho. Ele foi o fio condutor que nos permitiu fixar os dois conceitos, entendendo suas diferenças.

O desenho ainda pode ajudar no desenvolvimento de atitudes de colaboração, quando feito coletivamente (painel) e combinado com a pintura.

Não querendo negar o valor da estética, mas vendo o desenho como grande aliado da aprendizagem, entendemos que aqueles que ensinam não deveriam jamais enfatizá-la fora das aulas de arte. Crianças que são criticadas por seus desenhos terminam por se negar a fazê-los, julgando-se desajeitadas ou incompetentes.

Podemos fazer uso do desenho até mesmo com as crianças muito pequenas. Nas nossas salas de evangelização sempre tivemos as molduras dos painéis feitas pelas próprias crianças. Para as pequeninas eram dados tubos de cola colorida com os quais faziam lindos grafismos. Ver o seu desenho exposto é, para a criança, uma prova de que é aceita, de que o que ela faz tem valor.

- **Música**

Cantando a criança aprende quase sem perceber. Por isso é ótimo quando se utilizam letras cujos conteúdos são importantes para a sua formação moral ou para oferecer informações sobre temas importantes. Queremos destacar as inúmeras músicas criadas por Vilma Macedo, a tia Vilma, cujas letras são verdadeiras aulas de espiritismo. Apenas a título de ilustração, apresentamos essa, usada como complemento à história de Tintino:

Este corpo de carne / em que estou encarnado / é

> um tesouro / que Deus me deu emprestado.
> Por ele eu vou à escola / eu ouço, eu vejo, eu posso falar / sentir o perfume das flores / de tudo saber o paladar.
> Eu espírito que penso, que aprendo / que sinto e que tomo qualquer decisão /
> Recebi este corpo emprestado / para progredir nesta reencarnação.
> Quando ele ficar bem velhinho / cansado fraquinho/ ou mesmo quebrado
> Serei obrigado a deixá-lo / e estarei espírito desencarnado. [39]

É com muita clareza que ela aborda a questão do corpo como instrumento da nossa evolução. A música é uma linguagem a mais na busca do entendimento dos conceitos. Um excelente recurso de fixação é incentivar a composição de músicas por parte dos jovens. Aliás, a esse respeito eles têm dado inúmeras provas do que são capazes.

- **Teatro**

Este é outro recurso que educadores de todos os tempos e lugares sempre utilizaram. Os educadores espíritas deveriam se familiarizar mais com as inúmeras técnicas teatrais. Além da clássica encenação com atores, há o teatro de marionetes, de sombra, de varas e

---

[39] CD de músicas de Vilma Macedo encontrado na coleção *"Evangelização em notas musicais"*, CD n. 3, da FEB.

de fantoches que podem ser utilizados. O teatro mexe com as emoções devido à empatia que provoca com o espectador. Além disso, é um excelente veículo para a transmissão de inúmeras ideias, como por exemplo, as vinculadas à lei de ação e reação ou aos valores morais.

Encenar peças de teatro com jovens traz-lhes incontáveis ganhos, a começar pela absorção do próprio conteúdo a ser apresentado. Mas se consideramos as exigências dos ensaios, a aceitação dos papéis, as infinitas correções, as horas dedicadas exclusivamente a essa atividade, a necessidade de respeitar o ritmo do conjunto, a incorporação dos sentimentos alheios etc., vemos que se ganha também em disciplina, dedicação, perseverança, humildade, aceitação das diferenças, empatia, responsabilidade, autoestima e muito mais.

A respeito destas atividades artísticas que estamos sugerindo, vale lembrar que há muita liberdade na forma como as casas espíritas as utilizam. Walter Oliveira Alves, grande incentivador do teatro espírita, nos informa que na sua instituição, além dos grupos de estudos dinâmicos, foram também criadas atividades artísticas, em outro horário, onde a grande maioria das crianças participa, escolhendo-as livremente.[40]

• Dramatizações

Dramatizações são pequenos exercícios feitos de improviso pela turma. Pode ser feito a partir de um fato,

---

[40] Essas atividades incluem música, teatro, dança e artes plásticas, conforme apresentado no seu livro *"Prática pedagógica na evangelização"*, p. 80-81

de uma história ou de uma situação e tem por objetivo permitir que haja uma maior compreensão do que foi apresentado oralmente. Pode, ainda, ser o ponto de partida para desencadear uma discussão sobre determinado assunto. É um recurso que se adapta a praticamente todas as faixas etárias.

Sempre ficamos surpreendidos com a inventividade infantil. Às vezes, a história tem apenas três personagens, mas as crianças arranjam um jeito de inventar outros: uma borboleta que passava perto, uma minhoquinha que estava no jardim, um carrinho de mão...

Nós destacamos quatro formas de uso desta técnica.

A primeira é simplesmente pedir para que voluntários representem o fato ou a história narrada (ou uma parte dela). Eles a representam livremente, sem nenhum texto. Apenas reproduzem o que ouviram, ao seu modo. Tem o objetivo de ampliar a compreensão para aqueles que ainda não a haviam alcançado e de fixar a aprendizagem para os demais.

A segunda consiste na montagem de pequenos esquetes incompletos, cujos desfechos serão criados pelos próprios participantes. O exemplo que se segue refere-se a uma atividade que fizemos em um encontro de educadores espíritas.

Personagens: Evangelizador e Dirigente do Serviço de Evangelização da Família

(Evangelizador) – *Você que participa tanto do Movimento Espírita, me diz: tem algum problema a gente evangelizar do jeito da gente?*

(Dirigente) – *Depende do que você entende por "do jeito da gente".*

(Evangelizador) – *Eu tenho uma turma de Mocidade. Acho bacana ensinar um pouquinho de cada coisa. Eu, por exemplo, ensino, além de Kardec, um pouco de budismo e de Rosa Cruz. Às vezes, fazemos a meditação da Lua Cheia. Gosto também do culto à Chama Violeta. Eles têm se mostrado bastante interessados.*

(Dirigente) – *Bom, você perguntou a minha opinião. Eu acho..*

A terceira consiste em se montar um esquete inacabado com dois ou três personagens, envolvendo uma situação conflituosa, na qual estão presentes julgamento de valor. Os voluntários deverão representar a cena, dando-lhe um desfecho. Imediatamente, os papéis são invertidos e a cena é refeita, podendo ter novos desfechos.

O tema deve ser escolhido em função das necessidades do grupo. Se o educador souber captar bem a essência da questão a ser debatida, a técnica mostra-se perfeita. Podemos ilustrar com o seguinte caso:

Personagens: *Duas meninas: uma que tem uma boneca muito bonita, mas não gosta de emprestar para ninguém. Outra, muito pobre, que deseja sempre brincar com a boneca da primeira menina, mas não consegue.*

Cena: *Em um campo afastado, coberto com mato, a menina que tem a boneca cai em um buraco, fratura a perna e não consegue mais andar. Grita por socorro e quem ouve os seus gritos é a outra coleguinha.*

Orientação: *As duas terão que representar a cena e decidir o que farão. Depois de concluída, revertem-se os papéis e é feita nova dramatização. Seguem-se os comentários.*

Quando trabalhamos com essa técnica, preparamos várias situações diferentes, mas com temáticas semelhantes para dar oportunidade a todos que desejarem representar.

O interessante é que a criança que, às vezes, age com severidade com a vítima, depois tem a oportunidade de se ver como a própria vítima e isso pode ajudá-la a rever o seu comportamento.

Há, ainda, uma variante dessa técnica: o sociodrama[41]. É muito interessante para ser utilizada com jovens e adultos e serve para desencadear uma reflexão sobre o tema. Há um pequeno esquete escrito e exige que os participantes troquem de papel ente si. O exemplo que

---

[41] Trata-se, na verdade, de uma técnica da psicologia social, desenvolvida por Jacob Moreno em meados do século XX e que nos serve de inspiração, não sendo aqui utilizada conforme os cânones científicos.

se segue foi desenvolvido em um encontro de educadores espíritas. Escolhemos fazer com três personagens (presidente, dirigente, mulher). O esquete apresenta uma cena em que os personagens assumem atitudes desconcertantes. Cada um, no entanto, tem seus motivos para tal comportamento. Somente quem desempenha o papel é que sabe do que se trata. Os outros dois, ignoram esses motivos. Esses só ficam claros quando eles trocam de papel.

Para a sua realização o dinamizador deverá:

- Formar grupos de três e entregar uma cópia do esquete a cada participante do grupo e solicitar que cada um escolha inicialmente um personagem.
- Além do esquete, dar a cada "ator" um texto no qual estará definida a situação do seu personagem (só quem recebe o texto é que sabe deste detalhe).
- Encenar pela primeira vez. Em seguida, proceder a dois rodízios entre os personagens, reencenando a cada um deles, e passando sempre para o personagem o texto que mostra a sua situação.
- Ao final propor que tornem a encenar o esquete, desta vez, atuando como fariam se a cena fosse real.
- Encerrar esta fase, analisando com todo o grupo o processo vivenciado.

Eis o esquete, cuja cena se passa na casa espírita em uma reunião de diretoria:

Presidente: *– Todos entenderam a importância dessa decisão que precisamos tomar agora?*

Dirigente: *– É. O caso é sério. Mas vamos logo, porque é tarde.*

Mulher: *– Socorro! Alguém me ajude. Meu marido quer me matar. Ele pegou uma faca e quer me matar. Olha aqui. Ele tentou me cortar mas eu fugi. Preciso que alguém me leve no posto policial. Tenho dois filhinhos pequenininhos lá. Estou com medo que ele faça alguma coisa contra eles. Me ajudem! Me ajudem!*

Dirigente: *– Já vi esta cena! Manda esta mulher embora. Vamos continuar nossa reunião.*

Presidente: *– Sinto muito, mas não podemos fazer nada. A senhora, por favor, se retire.*

Mulher: *– Moço, moço! Não faz isso comigo!*

Presidente *(faz o gesto de pôr para fora e de fechar a porta).*

São apresentadas, a seguir, as informações "confidenciais" que somente o personagem recebe.

Personagem: Presidente do Centro Espírita

Situação em que se encontra:

Já são 22:30h. Ele está tendo uma reunião muito difícil com os demais dirigentes da Casa. Alguns precisam sair, mas ele está tratando de um assunto de importância capital para os destinos do Centro. Essa é a quarta vez que tenta fazer esta reunião. Só agora estão todos presentes.

Personagem: Um dos dirigentes de uma Casa Espírita

Situação em que se encontra:

É o principal interessado em uma decisão que vai ser tomada nessa reunião. Já são 22:30h. Ele mora muito longe e se passar da hora, não tem como chegar à casa. Já foi vítima de um golpe que começou com uma mulher pedindo socorro.

Personagem: mulher

Situação em que se encontra:

É uma mulher que mora em um barraco, em local ermo, com um marido alcoólatra e dois filhinhos (um bebê e outro de dois anos). Ele a espanca sempre. Nesse dia, estando bêbado, pegou uma faca e ameaçou matá-la. Ela fugiu. Correu muito até encontrar o Centro Espírita. Entrou porque viu luz e carros estacionados no pátio. O marido só respeita a polícia. Tentou telefonar, mas no Posto Policial mais próximo (cerca de 8 km) ninguém atende.

Embora estejamos permanentemente sendo convocados para usarmos de benevolência para com os nossos semelhantes, é-nos ainda difícil exercê-la na sua plenitude. Com bastante frequência somos apanhados emitindo juízos apressados sobre fatos e pessoas; agindo preconceituosamente em situações que se nos apresentam no cotidiano. Às vezes, é importante que nos coloquemos no lugar do outro para entendermos o seu ponto de vista com mais clareza. Esta tarefa propõe exatamente isso, ou seja, trabalhar o sentimento de empatia, ajudando o participante a se colocar no lugar do outro.

De todos os tipos de dramatização que apresentamos, esta é a mais impactante. A princípio, como cada um somente sabe a respeito do personagem que lhe coube representar, o julgamento que cada participante faz dos demais é, em geral, bastante negativo. Mas, à medida que vai assumindo os outros papéis, e, por consequência, conhecendo o problema que cada um carrega, a má vontade e o julgamento apressado feitos inicialmente passam a dar lugar à benevolência e à tolerância. "*Não julgueis para não serdes julgados*".

É claro que se trata apenas de um sociodrama. Mas, dificilmente, alguém deixa de se sensibilizar ao representá-lo. Sugerimos sua utilização em grupos de jovens nos quais há subgrupos fechados (em geral devido à condição social) e em atividades com tarefeiros da casa espírita, sobretudo quando ocorrem problemas nos quais as pessoas envolvidas só conseguem enxergar seu próprio ponto de vista.

Para encerrar, deixamos um conselho para você que pretende pôr em prática alguma dessas técnicas: esteja atenta ao seu público-alvo. Procure saber primeiro qual é o perfil das pessoas com as quais irá trabalhar. Nenhuma dramatização funciona com pessoas muito tímidas. Com esse conhecimento você provavelmente não passará pela desilusão que passei quando comecei a evangelizar. Acabara de me incorporar à equipe de evangelizadores da casa espírita e fui chamada para substituir uma colega que não poderia estar presente na semana próxima. Consciente de que na evangelização não se improvisa, tratei de pedir ajuda para o planejamento. Procurei saber o conteúdo a ser trabalhado e, ignorando aquele que é um dos princípios básicos da psicologia da aprendizagem — o conhecimento do perfil dos aprendizes — deixei-me arrebatar pela alegria de estar atuando na tarefa da evangelização. Além do conteúdo, sabia apenas tratar-se de um grupo com crianças na faixa de 8/9 anos. Que desastre! Sabedora de que a aprendizagem se faz a partir do vivido, planejei começar com uma série de dramatizações para, a partir daí, alcançar o conteúdo a ser inferido pelo próprio grupo. Contava como certa a participação voluntária das crianças, imaginando que o maior problema seria o de ter personagens em número suficiente para todos, tal como acontecia em meus trabalhos anteriores com crianças de escolas da rede municipal. (Eles eram uma animação só). No entanto, com aquele grupo da evangelização ocorreu uma situação dramática: ninguém queria participar. Encabuladíssimos e desconfiados, abaixavam os olhos cada vez que eram incentivados a colaborar. No meu planejamento faltara a informação principal: quem eram aqueles alunos? Como se comportavam? Como se viam? O problema era meu, e não deles.

• **Figuras e cartazes**

Recurso largamente usado pelos que ensinam, as figuras e cartazes ajudam na visualização dos temas de estudo. A esse respeito queremos, apenas, ressaltar uma grave questão: o preconceito que, por vezes, se expressa na seleção desse tipo de material.

Tanto nas ilustrações de livros de história quanto

nos cartazes, observamos um descuido na seleção das imagens. Essas, em geral, retratam apenas uma parcela da população brasileira: a branca, de classe média e com uma família idealizada, composta por pai, mãe e dois ou três filhos (mesmo quando é representada por animais).

O que será que acontece à criança que não se enquadra nesses estereótipos e se defronta com esse tipo de material? Que sentimentos isso lhe desperta? Você já parou para pensar nisso? Você já viveu isso?

Temos a certeza de que não são sentimentos positivos. Não acreditamos que ao olhar para tais figuras ela se sinta por elas representada. É muito provável que perceba o preconceito embutido nesses cartazes e nas ilustrações dos livros e que se sinta desqualificada ao confrontar a si mesma, sua família e seu universo com o universo glamoroso que elas estampam.

É, no mínimo, falta de caridade para com os nossos companheiros de qualquer idade, optarmos, sistematicamente, pelo uso de tais estereótipos. Se atentarmos para o evangelho, veremos que o Mestre Jesus trazia, nas imagens verbais com que ilustrava seus ensinamentos, as mais variadas cenas do cotidiano. Ele privilegiava a todos.

• **Representações tridimensionais**

Quando a equipe de evangelizadores é criativa, facilmente se inventam formas de representar histórias, fenômenos espíritas, conceitos etc. mediante o uso de recursos materiais concretos. É amplamente conhecida uma sugestão dada por Walter Oliveira Alves, sobre como ensinar reencarnação/desencarnação utilizando saquinhos de papel e barbante.[42] Nós, em nosso livro *Conte outra história*[43], apresentamos dezenas de sugestões de atividades com representações tridimensionais feitas com sucatas (garrafas pet, caixa tetrapak, caixa de sapato etc.). Com esses recursos concretizamos para as crianças ideias como: de sintonia espiritual, desdobramento/desencarnação; lei de causa e efeito; a vida no mundo espiritual; vidência; reencarnação etc.

- **Trabalhos em grupo**

Já abordamos, em grande parte, a importância do trabalho em grupo no item relativo à atividade compartilhada. No momento, queremos atender a um problema específico que nos tem sido trazido, com frequência, por evangelizadores e dinamizadores de ESDE: o da existência de grupinhos fechados, nas turmas, refratários à integração. Para esses casos recomendamos uma conhecida técnica da dinâmica de grupo: o painel integrado. Considerando o conteúdo que se quer ensinar e o tamanho do grupo, certos ajustes são necessários, pois o ideal é que se tenham todos os grupos do mesmo tamanho. Mas, na essência, a técnica consta de uma atividade feita em dois momentos, com o objetivo de se trabalhar um dado assunto subdividido em vários tópicos. No primeiro, formam-se vários grupos, todos

---

42 Essa atividade encontra-se no livro *Prática Pedagógica na Evangelização. Conteúdo e metodologia*, do referido autor. Trata-se de um completo manual contendo orientações teóricas e sugestões práticas para o trabalho da evangelização infantojuvenil.

43 MOYSÉS, Lucia. *Conte outra história.* Capivari: EME, 2008 (2ª. ed.).

com o mesmo número de participantes. Cada um desses grupos recebe uma numeração (G1, G2, G3 etc.). Em seguida, distribui-se um tópico para ser estudado, em conjunto, em cada grupo, determinando-se o tempo disponível para a tarefa.

Finda essa parte há uma reorganização dos grupos. Agora, eles serão formados retirando-se um elemento de cada grupo (um do G1 + um do G2 + um do G3 + um do G4 + um do G5). Assim, cada novo grupo será formado por tantos elementos quantos sejam o número de grupos. Cada participante deverá apresentar para esse novo grupo o tópico que foi estudado no seu grupo de origem. A atividade é encerrada com uma síntese feita pelo dinamizador

Se no início os grupinhos trabalharam juntos, agora eles estão todos mesclados com os demais companheiros.

Essa técnica pode ter outras formas de utilização, como por exemplo, fazer trabalhos como em linha de montagem. Cada subgrupo faz uma parte e depois seus membros se reagrupam em novos grupos para formar o todo. Imaginemos, por exemplo, a confecção de arranjos de flores. Uns podem se encarregar do recorte das pétalas, outro das folhas, outro da feitura dos cabos. Ao final, retira-se um elemento de cada grupo que, trazendo parte do que foi confeccionado por seu grupo, irá colaborar para que o novo grupo monte várias flores.

Vivências com forte apelo aos sentimentos

Razão e emoção são dois pilares da aprendizagem em permanente interação. Aliar o desenvolvimento do conhecimento ao do sentimento é tarefa da qual não poderemos escapar no caminho da nossa evolução espiritual. São as asas que nos permitirão alçar voo rumo ao infinito

Em uma análise mais acurada do comportamento das pessoas, incluindo a nós próprios, verificamos que muitos ensinamentos evangélicos que já se fazem presentes no nosso saber estão longe de se manifestarem, com a mesma intensidade, no nosso sentir, e por consequência, no nosso fazer. Sabemos teorizar sobre os preceitos evangélicos, sem, contudo, colocá-los em prática. Para ajudar a diminuir essa discrepância, há uma infinidade de ações que podem ser utilizadas por aquele que ensina, ações que a sua própria sensibilidade saberá elaborar.

A propósito, ouvimos há pouco tempo um relato de uma companheira que evangeliza crianças nos Estados Unidos que nos comoveu. Sua turma é pequena e muito heterogênea quanto à faixa etária, como ocorre em quase todos os núcleos espíritas fora do Brasil. No desenrolar da programação, chegou ao momento de trabalhar a ideia de anjo da guarda. O assunto foi cuidadosamente tratado. Ao término, foi proposto que todos os presentes, inclusive os evangelizadores, agissem como se fossem um anjo da guarda de alguém do grupo, escolhido por sorteio. Esses deveriam, de forma completamente anônima, orar durante todo o mês em curso por seu protegido e estar atento às suas necessidades, oferecendo-lhe ajuda e, caso quisesse, ofertando-lhe até mesmo um mimo que não tivesse valor pecuniário.

Constata-se, nesse exemplo, a força do apelo aos sentimentos traduzido na vivência do conceito. Conta-nos a companheira que um clima de profunda harmonia e delicadeza se instalou no grupo, dando-lhes a sensação de estarem sendo amparados espiritualmente. (Com certeza, estavam!).

Bons educadores de alma já compreenderam a importância de intercalar atividades de cunho cognitivo com outras de maior chamamento aos sentimentos, trazendo o evangelho para a vida. Realizam, por exemplo, gincanas nas quais os ganhadores são os que conseguem fazer o maior número de boas ações; organizam atividades artesanais cujo produto final é ofertado a um companheiro de turma, promovem o correio fraterno[44], com troca de bilhetinhos carinhosos entre os participantes, promovem visitas a abrigos para crianças ou idosos, ajudam os participantes a confeccionar lembrancinhas para serem distribuídas nessas visitas etc. Eles permitem que seus evangelizandos burilem seus próprios sentimentos mediante a ação.

Há um comovente relato de Pestalozzi que ilustra com perfeição em que consiste esse ensinar pelo exercício da própria ação. Antes de estar à frente da escola de Yverdon que o consagrou como educador, vivia ele na aldeia de Stans, na Suíça, onde dirigia uma institui-

---

[44] Para quem não sabe do que se trata: afixam-se, em um painel ou cartaz encimado com a expressão "Correio Fraterno", bilhetinhos para os companheiros. É muito popular nas COMEERJ (Confraternização de Mocidades Espíritas do Estado do Rio de Janeiro), um encontro que é realizado anualmente durante o carnaval.

ção mantida precariamente pelo governo, destinada a abrigar crianças muito pobres da região. Ali, com muito amor, tentava compensá-las das privações que passavam. Um incêndio ocorrido nas redondezas, em 1799, desabrigou inúmeras famílias. Foi então, que reuniu suas crianças, dizendo:

> "Altdorf foi queimada, talvez nesse momento cem crianças estejam sem teto, sem alimentação, sem vestimenta. Vocês não querem pedir às nossas boas autoridades que abriguem em nossa casa umas vinte crianças?" Tenho ainda gravada em minha mente a emoção que acompanhou o seu grito: "Claro que sim, meu Deus!". Eu disse em seguida: "mas, crianças, pensem bem no que estão pretendendo.[...] Por elas vocês podem se colocar numa situação de ter que trabalhar mais nas aulas, comer menos e dividir suas roupas. Não digam, portanto, querer essas crianças se não estiverem dispostas a enfrentar tudo isso de boa vontade, em nome das necessidades delas.

Sua fala continua. Ele busca ter certeza de que todas haviam entendido bem a situação e elas confirmam que estão dispostas a qualquer sacrifício para acolher aquelas crianças.

A partir desse fato, ele vem nos demonstrar um dos princípios norteadores da sua pedagogia: educar pelo sentimento. "Assim foi: eu despertava os sentimentos das virtudes antes que se fizessem discursos sobre elas, pois considerava prejudicial tratar com as crianças de alguma coisa enquanto não soubessem do que falavam."[45] Eis algo que deveríamos nos esforçar para aprender e aplicar, algo tão amplamente ensinado pelo Mestre Jesus. Afinal todo o seu ministério teve base nas suas ações para o bem do próximo. Curar o enfermo do corpo e da alma, e acolher os aflitos era a sua forma de mostrar na prática as lições que pregava.

Autonomia: o caminho natural

Trabalhando com grupos formados por evangelizadores que atuam em turmas que vão do jardim à juventude, ou com grupos de estudo nas casas espíritas, deparamo-nos com indagações as mais variadas. As mais frequentes são: como fazer o planejamento? Como despertar interesse? Como adequar o conteúdo? Como lidar com a indisciplina?

Sempre o "como?" Em outras palavras: sempre a busca por um método. Um modo de fazer.

O que aqui apresentamos não teve por objetivo apresentar esses "como fazer", uma vez que esse é o tema principal da didática e há farto material espírita voltado para esse fim.[46] Nosso propósito foi oferecer uma fundamentação na área da psicologia da aprendizagem para os que se dedicam ao ensino espírita.

---

[45] Essa passagem faz parte da "Carta de Stans", documento no qual expõe a um amigo seu projeto pedagógico de então, e se encontra no livro "*Pestalozzi: Educação e ética*", à p. 140.

[46] A Federação Espírita Brasileira através do seu Departamento de Infância e Juventude vem oferecendo há quase trinta anos subsídios metodológicos aos evangelizadores. O mesmo ocorre em relação ao setor doutrinário, que oferece subsídios ao Estudo Sistematizado da Doutrina Espírita.

Para os que não têm muita familiaridade com a pedagogia, é natural a busca pelos métodos. O problema, conforme vimos, é o da adequação. Um planejamento que serve para um grupo, em um determinado momento, já não servirá para outro, pois cada um traz suas peculiaridades.

Mais do que desejo, guardamos a esperança de que você possa se apropriar do conteúdo aqui exposto para elaborar, a cada novo encontro, o seu próprio planejamento. Nós apostamos na autonomia. Nós a vemos como um caminho natural que irá permitir aos grupos atuarem com mais autoconfiança. Quem sabe, assim, encontrem a medida certa que levará o trabalho educativo na casa espírita a fazer realmente a diferença na vida dos aprendizes, sejam eles os meninos e jovens da evangelização, sejam os adultos dos grupos de estudo.

A tarefa do educador começa com a sua própria integração ao grupo ao qual pertence. Quando todos se veem como pares, cujo principal compromisso é com a Doutrina Espírita e com o Mestre Jesus, tudo fica mais fácil.

Então, desde os encontros iniciais de planejamento, ninguém está sozinho. É o grupo que planeja. Todos colaboram no diagnóstico preliminar sobre os aprendizes, todos podem trazer suas experiências anteriores, todos podem contribuir com ideias para o planejamento e - é importante ressaltar - todos participam dos momentos de avaliação.

Vale dizer da importância de se manter o grupo atualizado, quer mediante cursos, encontros, seminários, palestras etc., quer através de leitura de livros ou artigos sobre questões pedagógicas. Igualmente importante é a coerência na escolha dos conteúdos, mantendo-os sempre fiéis aos ensinamentos espíritas e à moral evangélica.

Tudo isso deverá ocorrer em paralelo a um aprofundamento dos estudos doutrinários. Afinal, de nada valeria todo o conhecimento técnico-pedagógico se não houvesse domínio do conteúdo que se pretende ensinar. A propósito, a professora Cecília Rocha, referência nacional quando se trata de Evangelização Espírita Infantojuvenil, é categórica ao afirmar que o domínio prévio do Espiritismo constitui-se na única exigência, em termos de conhecimento, que se deve fazer ao candidato à tarefa da evangelização. "E a boa vontade?", perguntarão alguns. Eis a resposta que ela oferece:

> ... a boa vontade se manifesta exatamente no esforço que o candidato faz para adquirir os conhecimentos que são indispensáveis ao seu ministério. Boa vontade de aprender, de se aprimorar, de enriquecer seus recursos pessoais (intelectuais e afetivos), esta, sim, seria uma qualidade básica para outras aquisições complementares que venha a conquistar.[47]

E há algo que não podemos nos esquecer: toda ação evangelizadora que se faz em nome do Cristo é tarefa que enlaça os dois planos da vida. Quando nos esforça-

---

[47] Este trecho encontra-se no seu livro *Pelos Caminhos da Evangelização*, p. 62, indispensável a todo evangelizador.

mos para fazer a nossa parte, não tenhamos dúvida que os Amigos Espirituais estão ao nosso lado, intuindo-nos para que a façamos com acerto. Além do mais, eles sabem que há beneficiados em ambos os planos. Nunca estamos sozinhos. Precisamos nos lembrar sempre de que a tarefa de levar a mensagem do evangelho ao coração dos homens não é nossa. É do mestre Jesus. *"Ide e evangelizai a todas gentes"*.

SABER E AMAR

Até aqui estivemos abordando as questões de cunho intelectual para tratar do processo de ensino e aprendizagem. É hora, no entanto, de ir buscar o que realmente fala mais alto. E para tal, vamos nos valer de André Luiz, quando diante de um grave caso de perturbação espiritual, vê o Ministro Clarêncio, cuja estatura moral acostumara-se a admirar, assumir que precisava de ajuda.

> Sem dúvida, dentro das minhas limitações estou habilitado a falar à inteligência, mas não me sinto à altura de redimir corações. Para esse fim, para decifrar os complicados labirintos do sofrimento moral, é imprescindível haver atingido mais elevados degraus da humana compreensão.[48]

Por mais valor que possamos dar à fundamentação teórica que aqui apresentamos, sabemos que há na edu-

---

[48] *Entre a Terra e o Céu*, p. 136.

cação meandros que só podem ser percorridos através do sentimento, lugares em que a razão só muito timidamente consegue penetrar.

Há momentos, na prática da ação evangelizadora, seja em que nível for, que percebemos quão fracos são os nossos recursos, por mais modernos e tecnológicos que sejam. Dramas de diversos matizes, por vezes, assaltam nossos aprendizes, invalidando qualquer esforço pedagógico para lhes transmitir conhecimentos. Dores morais, assédios de variadas origens, dúvidas existenciais, sentimentos contraditórios, e outras tantas mazelas concorrem para afastá-los dos ensinamentos espíritas e da moral evangélica ensinados na casa espírita. É então que precisamos lançar mão dos recursos do sentimento, porque somente o ser humano é capaz de acolher. Somente ele é capaz de amar.

Se você evangeliza, certamente já viveu momentos em que seu coração falou mais alto que a razão, momentos em que o abraço valeu mais do que qualquer explicação; o aconchego foi o maior e o melhor ensino do dia.

Mas isso só foi possível porque o evangelizando estava ali, ao alcance da sua mão.

O que dizer, então, daqueles que lá não estão? Aqueles que, sequer, chegaram até nós ou que, tendo chegado, foram logo embora? Não mereceriam, também esses, ser o alvo das nossas atenções?

Aceitar o que foge aos padrões habituais

É forçoso admitir que ainda temos muita dificuldade em lidar com o diferente. Adoramos evangelizar as crianças dóceis, gostamos de ter nos nossos grupos de estudo os companheiros que nos são simpáticos. Difícil, mesmo, é acolher o que foge a esses estereótipos. No entanto, são, provavelmente, os que mais necessitam dos nossos ensinamentos.

Não bastasse a argumentação evangélica que nos exorta a levar o evangelho a *todas as pessoas* há, atualmente, na própria ciência, dados capazes de nos convencer de que precisamos ser mais compreensivos com os que fogem às regras da boa convivência social.

Estudos das neurociências têm demonstrado que pessoas que se deixam arrastar facilmente para comportamentos desviantes são, em geral, aquelas que sentem prazer em correr riscos - o que é geneticamente determinado. São indivíduos que nascem com uma deficiência no cérebro. Isto é, trazem, ao nascer, uma menor quantidade de receptores de prazer (uma proteína existente no cérebro e que permite que uma substância que dá a sensação de prazer se libere).[49]

Do ponto de vista espiritual, sabemos que na formação do novo corpo as energias perispirituais têm um papel preponderante. Não residiria aí a explicação para o fato de alguém renascer com deficiências genéticas em determinada área do seu organismo?

Ora, aquele que é portador de comportamentos desviantes vem, provavelmente, de uma vida pregressa na qual comprometeu os seus centros vitais superiores, e, por isso, reencarna com a referida deficiência. É a

---

49 HERCULANO-HOUZEL, Suzana. *O cérebro em transformação.* Rio de Janeiro: Objetiva, 2007.

lei de causa e efeito se fazendo presente. Nela devemos buscar a explicação para a forte tendência que algumas pessoas manifestam para correr riscos e se desviar dos padrões mais aceitos de comportamento.

Em outras palavras: espíritos mais endividados, porque têm menos terminais de prazer, vivem à procura de fortes emoções, de novidades de estímulos mais intensos. Essas predisposições não se coadunam com rotinas, disciplina e concentração. Essa é, possivelmente, uma das razões pelas quais têm tanta dificuldade de permanecerem ou mesmo se aproximarem dos estudos nas casas espíritas. Outros motivos devem ser, quem sabe, de ordem espiritual.

Mas não importa a causa. Nosso olhar deveria se voltar para esse que é tão diferente. "... *mas ide antes, às ovelhas perdidas da casa de Israel.*" Por ele, deveríamos mudar a nossa forma de abordagem. Mais uma vez valemo-nos de Pestalozzi para com ele aprender.

"Eu sabia também que se atraíam as crianças para [voltar para] casa apenas quando elas já estavam livres de piolhos e feridas. Pois, evidentemente, muitas entravam com a segura intenção de se deixar limpar e vestir, para saírem depois.", dizia Pestalozzi na "Carta de Stans", acerca das crianças pobres que se evadiam do seu educandário. Mas ele sabia como abordá-las.

> Não era de modo algum a partir do aspecto administrativo, ou de qualquer outro aspecto externo, que eu poderia e deveria iniciar o processo de subtrair as crianças da lama e crueza de seu meio e da corrupção e rebaixamento do seu pró-

> prio estado íntimo. Tampouco era possível, logo de início, enobrecer o seu caráter com a rigidez e a pressão de uma disciplina e uma ordem externas ou com a pregação de regras e prescrições - o que as teria justamente afastado de mim, dado o seu estado moral deteriorado e desenfreado, e teria igualmente direcionado suas energias naturais primitivas contra o meu objetivo.[50]

Prossegue explicando que o caminho para a conquista daqueles corações deveria ser pautado muito mais no seu relacionamento com as crianças do que em um plano preestabelecido; que o ponto de partida para atingir seu objetivo seria dar atenção e proporcionar às crianças atividades que "brotassem da sua existência, das suas necessidades e da sua relação comunitária". Admitia que deveria começar de dentro para fora. Ele confirma haver compreendido uma das máximas evangélicas: "Não poderia ser de outra forma e eu tinha que construir sobre a sublime máxima de Jesus Cristo: *Purifica primeiro o interior, para que o exterior também se torne puro*".

Sabemos que o desafio é intenso, mas por amor à causa do Cristo, à qual abraçamos, deve ser enfrentado. É possível que sejam necessárias reformulações nas velhas formas de trabalhar. Mais do que nunca, é hora de juntar esforços, de procurar intercambiar informações, de usar da criatividade para atrair aqueles que mais pre-

---

[50] *Carta de Stans*, pp. 149-150.

cisam de uma chance, de um recomeço em novas bases a fim de não agravarem, ainda mais, suas dificuldades espirituais. "*Não necessitam de médico os sãos, mas sim, os doentes*". Para trabalhos assim é necessária muita doação, é preciso muito amor.

Dar-se por inteiro

A devoção aos seus pupilos, embora necessária, não é algo que se possa prescrever ao educador, mesmo a um educador de almas. Caberá a cada um, saber encontrá-la dentro de si mesmo, tal como o fez o notável polonês Janusz Korczak[51].

Nascido em 1878, Korczak foi um médico pediatra e pedagogo judeu. Dentre as muitas atividades que exerceu, foi diretor de dois orfanatos durante o período da Segunda Guerra Mundial (um deles denominado "Nosso Lar"). No último deles, com cerca de 200 crianças, viu no dia 5 de agosto de 1942, soldados nazistas chegarem e recolherem seus meninos levando-os para o campo de concentração de Treblinka. A Korczak foram dadas repetidas chances de escapar, mas ele se recusou a abandonar suas crianças. Vestiu-as com suas melhores roupas, dando a cada uma um saquinho com um brinquedo ou o livro favorito e as acompanhou até a morte. Uma testemunha que sobreviveu ao extermínio fez um relato comovente do momento em que eles caminharam juntos para a câmara de gás:

---

51 Korczak é o autor de *Quando eu voltar a ser criança*, obra pedagógica extraordinária, que nos faz refletir sobre os verdadeiros sentimentos da criança frente ao adulto.

> O milagre aconteceu. Duzentas crianças sem chorar. Duzentas almas puras, condenadas à morte, não derramavam uma lágrima. Nenhuma delas tratava de fugir. Nenhuma tentava se esconder. Tragando sua dor, elas se aferravam a seu professor e mentor, a seu pai e irmão, Janusz Korczak, aquele que deveria protegê-las e preservá-las. Janusz Korczak marchava de cabeça erguida, sustentando a mão de um de seus meninos.[52]

Eis aí um dos mais contundentes exemplos de coerência e devoção dos tempos modernos.

A ninguém está sendo pedido que entregue a própria vida à causa do evangelho. Mas é possível que tenhamos aceitado o compromisso, antes de retornarmos à cena planetária, de trabalharmos para ajudar a implantar na Terra um clima de paz. Mas se isso requer esforço, se exige trabalho, é um trabalho em causa própria. No ato de levar a luz do evangelho ao próximo, essa mesma luz ilumina quem a leva. Evangelizando, evangeliza a si próprio.

E você, que trabalha ou pretende trabalhar na seara do Mestre, saiba que de cada novo encontro com aqueles a quem está levando o conhecimento espírita ou a mensagem evangélica, sairá alegre e renovado. É que a tarefa se expande muito além dos olhos carnais, trazen-

---

52 A respeito da biografia de Janusz Korczak, ver http://es.wikipedia.org/wiki/Janusz_Korczak

do uma energia que anima a continuar. Afinal, trabalhar para Jesus, mantendo de pé o compromisso de lhe ser fiel, é um privilégio que a poucos é dado. Saibamos aproveitar!

SUGESTÃO DE LEITURAS E DE SITES NA INTERNET

Muitos companheiros espíritas têm publicado livros voltados para educadores espíritas. São, via de regra, obras que tratam da pedagogia espírita, filosofia espírita ou da didática. Há, também, cadernos e apostilas publicados pela Federação Espírita Brasileira e por suas filiadas nos estados que, ao longo do tempo, vêm sendo usados por evangelizadores e dinamizadores do ESDE.

Com o objetivo de ajudar, mas conscientes da incompletude da relação, listamos algumas sugestões de leitura para aqueles interessados na área pedagógica espírita.

Também apresentamos uma lista de sites que podem oferecer um bom suporte nesta tarefa.

AMUI, Alzira Bessa França e BARSANULFO, Eurípedes. *O que é Evangelização de Espíritos*. Sacramento: GEEC, 2005.

ALVES, Walter Oliveira. *Educação do Espírito. Introdução à Pedagogia Espírita*. 5.ª ed. Araras: IDE, 1998.

_______. *Prática Pedagógica na Evangelização. Conteúdo e metodologia (I) e (II)*. Araras: IDE, 1998.

_______. *O Teatro na Educação do Espírito*, Araras: IDE, 1999.

BALIEIRO, Adalgisa Campos (org.). *Contribuições às Reflexões sobre Práticas Evangelizadoras da Infância*. São Paulo: USE, 1997.

BARCELOS, Walter. *Educadores do Coração*. Belo Horizonte: União Espírita Mineira, 1999.

CAMILO (Espírito). *Desafios da Educação*. [psicografado por] J. Raul Teixeira, Niterói: Frater, 1995.

_______. *Educação e Vivências*. Niterói: Frater, 1993.

CARVALHO, Marilena M. *O melhor é Viver em Família*. Rio de Janeiro: CELD, 1996.

CASTRO, Theresa Leite de. *Conversa Com Quem Tem Dever de Educar*. Rio de Janeiro: CELD, 1994.

DE MARIO, Marcus Alberto. *Visão Espírita da Educação*. Matão: O Clarim, 1999.

DEPARTAMENTO de Infância e Juventude. *Evangelização. Conteúdo Programático*. Belo Horizonte: União Espírita Mineira. 1999.

FOELKER, Rita. *30 Atividades de Educação Emocional e Intuitiva (vol.1,2 e 3)*. São Paulo: GIL, 2008.

INCONTRI, Dora. *Pestalozzi. Educação e Ética*. Rio de Janeiro: Scipione, 1996.

______. *A Educação segundo o Espiritismo*. São Paulo: FEESP, 1997.

______. *A Educação da Nova Era*. Jundiaí: Comênius, 2005.

LOBO, Ney. *Espiritismo e Educação.* São Paulo: FESPE, 1995.

______. *Filosofia Espírita da Educação e suas consequências pedagógicas e administrativas. Vol. 1 a 5.* Rio de Janeiro: FEB, 1993.

______. *Prática da escola espírita: a escola que educa.* Brasília: Auta de Souza, 2003.

MACEDO, Vilma. *Coleção de CD "Evangelização em notas musicais"*, n.3, da FEB.

MARQUEZ, Dima Lourenço. *Evangelização: compromisso com Jesus.* Capivari: EME, 2007.

MENEZES, Lydienio Barreto de. *A Educação à Luz do Espiritismo.* 5.ª ed. Rio de Janeiro: CELD, 2008.

MOYSÉS, Lucia. *Conte outra História.* 2.ª ed. Capivari: EME, 2008.

PAIVA, Maria Eny. *Asas para o Infinito.* Capivari: EME, 1997.

PIRES, Heloisa. *Educar para Ser Feliz.* São Paulo: C. Flammarion, 2002.

PIRES, J. Herculano. *Pedagogia Espírita.* 2.ª ed. São Paulo: EDICEL, 1986.

REVISTA Pedagógica Espírita. números 1 a 4, Araras: IDE, 2008.

RIVAIL, H. L. D. *Textos Pedagógicos.* 2.ª ed. Jundiaí: Comenius, 1999.

ROCHA, Cecília. *Pelos Caminhos da Evangelização.* Rio de Janeiro: FEB, 2006.

VINICIUS [Pedro de Camargo]. *O Mestre na Educação.* Rio de Janeiro: FEB, 1976.

______. *Em Busca do Mestre.* São Paulo: FEESP, 1988.

______. *Na Escola do Mestre.* São Paulo: FEESP, 1988.

______. *Na Seara do Mestre*. Rio de Janeiro: FEB, 1970.
______. *Nas Pegadas do Mestre*. Rio de Janeiro: FEB, 1980.

Endereços eletrônicos

www.educacaoespirita.net (portal da Área de Educação do CEERJ, do qual participamos)

http://www.evangelizacaoglobal.net/ (portal do evangelizador espírita)

http://www.espirito.org.br/portal/ artigos/mundo-espirita/a-acao-educativa-da-casa.html (artigo de Sandra Borba Pereira sobre ação educativa)

*http://www.espirito.org.br/*portal/artigos/mundo espirita/dinamizando-o-trabalho.html (artigo de Sandra Borba Pereira: Dinamizando o trabalho com a juventude)

http://www.orientacaoespirita.org/educa.htm (portal Orientação Espírita)

http://www.pedagogiaespirita.org.br (portal Pedagogia espírita)

http://www.caminheiros.com.br/link2_evangaliza.htm (Escola Caminheiros de Jesus)

http://www.evangelizar.org.br

http://www.edicoesgil.com.br/crianca (site da escritora Rita Foelker).

REFERÊNCIAS BIBLIOGRÁFICAS

ALVES, Rubem. *A Escola que sempre sonhei sem imaginar que pudesse existir*. Campinas: Papirus, 2001.

ALVES, Walter Oliveira. *Prática Pedagógica na Evangelização. Conteúdo e metodologia*. Araras: IDE, 1998.

BETTLEHEIM, Bruno. *A Psicanálise dos contos de fadas*. Rio de Janeiro: Paz e Terra, 1978.

FACURE, Nubor. "Operações mentais. Como o cérebro aprende", *In: Revista Pedagógica Espírita*, número 1, de jan/fev 2008, p. 15

FORMAN, Ellice. "The role of peer interaction in the social construction of mathematical knowledge". *International Journal of Educational Research*. 1989, vol 13, pp. 55-69.

FORMAN. Ellice e CAZDEN, Courtney. "Exploring vygotskian perspectives in education. In: WERTCH, James. *Culture, communication and cognition: Vygotskian perspectives*. Cambridge: CUP, 1988.

GARDNER, Howard. *Inteligências Múltiplas: a teoria na prática*. Porto Alegre: Artes Médicas, 1995.

______. *Inteligência: um conceito reformulado*. Rio de Janeiro: Objetiva, 2000.

HERCULANO-HOUZEL, Suzana. *O cérebro em transformação*. Rio de Janeiro: Objetiva, 2007.

INCONTRI, Dora. *A Educação Segundo o Espiritismo*. São Paulo: FEESP, 1997.

INHELDER, Bärbel et al. *Aprendizagem e Estruturas do Conhecimento*. Rio de Janeiro: Saraiva, 1977.

KARDEC, Allan. *O Livro dos Espíritos*. Rio de Janeiro: FEB, 2007.

______. *O Evangelho segundo o Espiritismo*. Rio de Janeiro: FEB, 1988.

LUIZ, André (Espírito). *Entre a Terra e o Céu*. [psicografado por] Francisco Cândido Xavier. 15.ª ed. Rio de Janeiro: FEB, 1993.

______. *Nosso Lar*. [psicografado por] Francisco Cândido Xavier. 37.ª ed. Rio de Janeiro: FEB, 1989.

LOBO, Ney. *Filosofia Espírita da Educação e suas consequências pedagógicas e administrativas*. vol. 4, Rio de Janeiro: FEB, 1993.

MORIN, Edgar. *Os sete saberes necessários à educação do futuro*. p. 47, São Paulo: Cortez, 2000.

MOYSÉS, Lucia. *Aplicações de Vygotsky à Educação Matemática*. 8.ª ed. Campinas: Papirus, 2007.

______. *Conte outra história*. 2.ª ed. Capivari: EME, 2008.

PEREIRA, Sandra Borba. "Uma introdução à proposta pedagógica de Jesus, seus princípios norteadores e práticas de ensino". *Reencarnação*, nº 427, ano LXX, s/d.

PESTALOZZI, J. Heinrich. "Carta de Stans". In: INCONTRI, Dora. *Pestalozzi. Educação e Ética*. pp.140-158, Rio de Janeiro: Scipione, 1996.

PIRES, J. Herculano. *Pedagogia Espírita*. São Paulo: Edicel, 1986.

RIVAIL, H. L. D. *Textos Pedagógicos*. 2.ª ed. Jundiaí: Comenius, 1999.

ROCHA, Cecília. *Pelos Caminhos da Evangelização*. Rio de Janeiro: FEB, 2006.

RUBTSOV, Vitaly. "Organization of joint actions as a factor of child psychological development". *International Journal of Educational Research*. vol. 13, pp. 151-161, 1989.

SHAH, Sirdar Ikbal Ali. *A Travessia Dourada*. São Paulo: Dervish, 1995.

SAXE, Geoffrey. "Studying children's learning in context: problems and prospects". *The Journal of the Learning Sciences*. Nº 2, vol 2, pp 215-224. 1992.

VALSINER, Jaan e VEER, René. "The encoding of distance: the concept of the 'zone of proximal development' and its interpretations". In: COCKING, R. *The development and meaning of psychological distance*. Nova Jersey: Erlbaum, 1991.

VINA, Irene. "L'organization des activités en commun et le développement cognitif des jeunes élèves". In: GARNIER, Catherine et al. *Après Vygotski et Piaget. Perspectives socilale et constructiviste*. Bruxelas: De Boek Université. pp. 163-178. 1991.

VINICIUS. *Em torno do Mestre*. Rio de Janeiro: FEB, 1979.

VYGOTSKY, Lev. *Pensamento e Linguagem*. Rio de Janeiro: Martins Fontes, 1984.

Documentos eletrônicos

WIKIPÉDIA. JANUSZ KORCZAC. Disponível em http://es.wikipedia.org/wiki/Janusz_Korczak. Acesso em: 01/09/08.

ALVES. RUBEM. BADULAQUES LXXI. Disponível *em:* http://www.rubemalves.com.br/quartodebadulaquesLXXI.htm. Acesso em: 01/09/08.